国家自然科学基金资助（项目号：71872081，71372030）
南京大学人文社科双一流建设"百层次"科研项目资助

U0656227

中国证券分析师与证券公司
预测准确性评价研究
（2018）

（Earnings Forecast Accuracy Rating for Chinese Security
Analyst & Securities Firm，EFA Rating 2018）

林树　刘静　著

东南大学出版社
SOUTHEAST UNIVERSITY PRESS
南京 · 2019

图书在版编目(CIP)数据

中国证券分析师与证券公司预测准确性评价研究
2018/ 林树,刘静著. —南京:东南大学出版社,2019.1
ISBN 978-7-5641-8231-1

Ⅰ.①中⋯ Ⅱ.①林⋯②刘⋯ Ⅲ.①证券投资—
研究 Ⅳ.①F830.91

中国版本图书馆 CIP 数据核字(2018)第 302901 号

中国证券分析师与证券公司预测准确性评价研究 2018

出版发行	东南大学出版社
社　　址	南京市四牌楼 2 号　　**邮编**　　210096
出 版 人	江建中
网　　址	http://www.seupress.com
电子邮箱	press@seupress.com
经　　销	全国各地新华书店
印　　刷	江苏凤凰数码印务有限公司
开　　本	700mm×1000mm　1/16
印　　张	12.5
字　　数	350 千
版　　次	2019 年 1 月第 1 版
印　　次	2019 年 1 月第 1 次印刷
书　　号	ISBN 978-7-5641-8231-1
定　　价	60.00 元

本社图书若有印装质量问题,请直接与营销部联系。电话(传真):025-83791830

声　　明

　　本书是国家自然科学基金(项目号：71872081，71372030)以及南京大学人文社科双一流建设"百层次"科研项目资助的阶段性成果。此书内容仅供学术参考与资讯用途。作者不保证本书内容的精确性及完整性，作者不承担读者使用本书内容导致的任何结果的责任。作者与此书的相关方对于读者使用本书所产生的任何损失或损害，不负任何责任。

摘　　要

　　近年来,我国证券分析师队伍伴随着资本市场的发展而迅速壮大。作为重要资本市场信息中介,证券分析师凭借其较强的信息搜集能力和专业分析能力,向投资者提供专业的研究报告,这对缓解资本市场信息不对称、保护投资者及资本市场健康发展发挥着重要的积极作用。

　　鉴于证券分析师在资本市场的重要作用,无论是证券分析师群体,还是投资者群体,都需要一个客观公正的证券分析师评价体系,然而国内资本市场中,对于证券分析师的评价,多年来风靡根据"买方投票"数量的形式来给各行业的证券分析师进行排序。这种评价模式具有一定合理性及综合性,但根据买方机构主观打分的方式难免受到分析师专业能力以外的其他因素影响,其客观性、公正性也因此不能得到保证。更重要的是,证券分析师最重要的预测能力在投票这一评价过程中没有得到很好的体现,"买方投票"的评价过程与结果让投资者对分析师真正的证券分析与预测能力仍然无法知晓。鉴于此,我们尝试从分析师的最重要能力——"盈利预测准确性"出发对分析师专业能力进行评价,提供一种更加透明、客观、可验证的分析师评价模式,以期对现存分析师评价体系形成一定有益补充,为证券投资者乃至整个证券市场评价分析师提供重要参考。

　　《中国证券分析师与证券公司预测准确性评价研究2018》是我们首次将研究成果以专著的形式呈现。我们分为一年期、三年期和五年期三个时间段来对证券分析师及证券公司的盈利预测准确性表现进行分析评价,通过本书的研究结果,我们可以宏观上看出我国证券分析师行业的发展态势,微观上也可以看出不同证券公司研究所整体研究实力,对证券分析师及证券公司预测准确性表现形成更加直观的认识。

　　目前的评价方法虽然有其创新性,但难免有不足之处,我们非常欢迎同行的批评与建议,在后续定期的修订版本中根据实际情况进行方法的改进。

　　我们感谢国家自然科学基金、南京大学人文社科双一流建设"百层次"科研项目的资助,感谢东南大学出版社编辑老师的辛苦工作。

目　　录

1 概　述

　　证券分析师行业伴随着资本市场的发展而诞生。作为重要的资本市场信息中介，证券分析师凭借其较强的信息搜集能力和专业分析能力，在宏观层面分析经济发展和行业政策的同时，也对上市公司的发展运营进行深入解剖，撰写研究报告向市场参与者提供投资决策建议，成为投资者投资决策的重要参考依据。

　　随着我国资本市场的不断发展，证券分析师队伍也日益壮大，至 2018 年持证上岗分析师已达 2 996 人[①]。在分析师群体迅速膨胀、研究报告汗牛充栋的市场形势下，一个客观、公正的分析师评价体系对于买卖双方乃至资本市场的规范运作无疑都具有重要意义。一方面，从分析师角度而言，在分析师人数急速扩张的过程中，分析师专业素质难以得到完全保证，分析师市场为实现优胜劣汰、褒扬先进，需要一个公正的分析师评价体系；另一方面，从投资者角度而言，面对海量研究报告，分析师评价体系也可以提供一定甄别依据。然而国内资本市场中，对于证券分析师的评价，多年来风靡采用根据"买方投票"数量的形式来给各行业的证券分析师进行排序，这种评价模式具有一定的合理性及综合性，但根据买方机构主观打分的方式难免受到分析师专业能力以外的其他因素影响，其客观性、公正性也因此大打折扣，同时随着研究市场竞争加剧，不够公开透明的评价过程也可能滋生拉票等不正当竞争行为，严重影响评选活动的严肃性、公平性和专业性[②]。更重要的是，本是证券分析师最重要的盈利预测能力在投票这一评价过程中没有得到很好的体现，"买方投票"的评价过程与结果让投资者对分析师真正的证券分析与预测能力仍然无法知晓。

　　基于此，我们试图从分析师的最重要能力——"盈利预测准确性"出发对分析师专业能力进行评价，提供一种更加透明、客观、可验证的分析师评价模式，以期对现存分析师评价体系形成一定有益补充，更为证券投资者乃至证券市场评价分析师提供重要参考。

　　在本书中，我们分别从证券分析师个体与证券公司的层面，根据不同的统计区

[①]　数据来源：中国证券业协会官网，统计截止时间为 2018.10.01。网址：http://www.sac.net.cn/。
[②]　参见中国证券业协会：《中国证券业协会支持证券公司退出有关分析师评选活动》。

间,在第二章至第四章分别展现 2014 年至 2018 年期间(对应 2013—2017 年公司年报发布截止日)一年期、三年期与五年期的"中国证券分析师预测准确性评价"与"中国证券公司研究实力评价"结果,以便投资者可以从不同长度时间段的统计结果,宏观上看出我国证券分析师行业的发展态势,微观上也可以看出不同证券公司研究所研究预测实力的平稳性或起伏变化。

本章将阐述中国证券分析师预测准确性评价的理论基础、数据来源及指标设计。

1.1 理论基础

每股收益(Earning Per Share,EPS)即每股税后利润,是普通股股东每持有一股所能享有的企业净利润或需承担的企业净亏损。每股收益是反映企业经营成果,衡量普通股的获利水平及投资风险的重要财务指标,也是投资者等信息使用者据以评价企业盈利能力、预测企业成长潜力,进而做出相关经济决策的关键指标之一。鉴于每股收益指标对股票估值及投资者决策的重要作用,证券分析师盈余预测的准确性不仅受到投资者和其他业界人士的普遍关注,也成为学术界探讨的热点(Ramnath et al.,2008)[1],证券分析师准确预测所跟踪股票每股收益的能力也成为其专业能力、工作价值的重要表现(吴东辉和薛祖云,2005)[2]。

基于此,我们以每股收益预测准确性作为评价分析师预测能力的主要依据,并通过标准化的处理方法解决不同股票间的可比性问题,综合考虑分析师的平均预测表现和最佳预测表现,得到对分析师预测能力的整体评价;在通过上述方法得到分析师预测能力的标准化得分基础上,我们进一步综合考虑证券公司的整体预测能力,并在注重证券公司拥有优秀分析师数量的同时,综合考虑了证券公司体量等成本因素,多维度、全方位地对证券公司的预测水平及成本效益进行评价。

1.2 数据来源与指标设计

1.2.1 数据来源与样本选择

本书基础数据全部来源于 CSMAR 数据库(深圳国泰安教育技术有限公

---

① Ramnath, S., S. Rock, and P. Shane. 2008. "The Financial Analyst Forecasting Literature: A Taxonomy with Suggestions for Further Research". International Journal of Forecasting,24(1): 34-75.

② 吴东辉,薛祖云. 财务分析师盈利预测的投资价值:来自深沪 A 股市场的证据[J]. 会计研究,2005 (08): 37-43+96.

司)①,涉及指标包括分析师姓名、分析师编码②、所属证券公司名称、预测公司证券代码、证券简称、预测终止日、预测每股收益及实际每股收益。

在对分析师预测准确性进行评价时,对分析师初始研究报告及预测数据按照如下原则进行剔除:(1)剔除针对非 A 股上市公司的研究报告;(2)剔除未对公司每股收益进行预测的研究报告;(3)分析师同一预测期间内进行多次每股收益预测时,保留该预测期间内最后一次每股收益预测(如某分析师在 2017.05.01—2018.04.30 期间内对跟踪的某公司 2017 年每股收益分别在 2017.05.30、2017.09.11 及 2018.01.20 进行了预测,则仅保留 2018.01.20 发布报告中的每股收益预测);(4)同一研究报告中对未来多期每股收益进行预测时,保留最近一期每股收益预测(如某分析师在 2017.10.11 公布的研究报告中对 2017 年度、2018 年度及 2019 年度的每股收益均进行了预测,则仅保留针对 2017 年度的每股收益预测)。

关于行业分类,我们主要以中证指数有限公司公布的上市公司行业分类为准③,并在中证行业划分的二级行业基础上进行一定调整。此外,对评价期内因中证行业微调导致的差异以最新一期,即中证指数公司官方网站 2018 年 5 月 22 日发布的《中证指数公司更新中证行业分类结果》为准。

在中证二级行业分类基础上调整后的行业分类如下:

主要消费类:

(1)主要消费—食品、饮料与烟草(除农牧渔产品)

包括中证对应行业④:主要消费—食品、饮料与烟草—包装食品与肉类;主要消费—食品、饮料与烟草—饮料。

(2)主要消费—农牧渔产品

包括中证对应行业:主要消费—食品、饮料与烟草—农牧渔产品。

信息技术类:

(3)信息技术—信息技术(含半导体、计算机及电子设备、计算机运用)

包括中证对应行业:信息技术—半导体;信息技术—计算机及电子设备;信息技术—计算机运用。

---

① CSMAR 经济金融研究数据库是国泰安从学术研究的需求出发,借鉴芝加哥大学 CRSP、标准普尔 Compustat、纽约交易所 TAQ、I/B/E/S、Thomson 等国际知名数据库的专业标准,并结合中国实际国情开发的经济金融型数据库。经过 18 年的不断积累和完善,CSMAR 数据库已涵盖因子研究、人物特征、绿色经济、股票、公司等 18 大系列,包含 130+个数据库、4000 多张表、4 万多个字段,应用广泛、高度认可、专业全面、精准及时。上述介绍来自国泰安数据库"产品简介"。

② CSMAR 内部编码,具有唯一性。

③ 具体行业分类原则参见中证指数有限公司官网(http://www.csindex.com.cn/)《关于行业分类的说明》。

④ 对应中证行业格式为:"一级行业—二级行业"及"一级行业—二级行业—三级行业",下同。

公用事业类：

（4）公用事业—公用事业

包括中证对应行业：公用事业—公用事业。

医药卫生类：

（5）医药卫生—医药卫生（含医疗器械与服务、医药生物）

包括中证对应行业：医药卫生—医疗器械与服务；医药卫生—医药生物。

原材料类：

（6）原材料—原材料1（含化学制品、化学原料）

包括中证对应行业：原材料—原材料—化学制品；原材料—原材料—化学原料。

（7）原材料—原材料2（含建筑材料、有色金属、钢铁、非金属采矿及制品）

包括中证对应行业：原材料—原材料—建筑材料；原材料—原材料—有色金属；原材料—原材料—钢铁；原材料—原材料—非金属采矿及制品。

（8）原材料—轻工（含家庭与个人用品、容器与包装、纸类与林业产品）

包括中证对应行业：主要消费—家庭与个人用品；原材料—原材料—容器与包装；原材料—原材料—纸类与林业产品。

可选消费类：

（9）可选消费—传媒

包括中证对应行业：可选消费—传媒。

（10）可选消费—汽车与汽车零部件

包括中证对应行业：可选消费—汽车与汽车零部件。

（11）可选消费—消费者服务、耐用消费品与服装

包括中证对应行业：可选消费—消费者服务；可选消费—耐用消费品与服装。

（12）可选消费—零售业

包括中证对应行业：主要消费—食品与主要品零售；可选消费—零售业。

工业类：

（13）工业—交通运输

包括中证对应行业：工业—交通运输。

（14）工业—商业服务与用品

包括中证对应行业：工业—商业服务与用品。

（15）工业—资本品1（含工业集团企业、建筑与工程、建筑产品）

包括中证对应行业：工业—资本品—工业集团企业；工业—资本品—建筑与工程；工业—资本品—建筑产品。

（16）工业—资本品2（机械制造）

包括中证对应行业：工业—资本品—机械制造。

（17）工业—资本品 3（环保设备、工程与服务）

包括中证对应行业：工业—资本品—环保设备、工程与服务。

（18）工业—资本品 4（电气设备）

包括中证对应行业：工业—资本品—电气设备。

（19）工业—资本品 5（航空航天与国防）

包括中证对应行业：工业—资本品—航空航天与国防

（20）工业—资本品 6（贸易公司与经销商）①

包括中证对应行业：工业—资本品—贸易公司与经销商。

电信业务类：

（21）电信业务—电信业务（含电信服务与通信设备）

包括中证对应行业：电信业务—电信服务；电信业务—通信设备。

能源类：

（22）能源—能源

包括中证对应行业：能源—能源。

金融地产类：

（23）金融地产—银行

包括中证对应行业：金融地产—银行。

（24）金融地产—非银金融（含保险、资本市场、其他金融）

包括中证对应行业：金融地产—保险；金融地产—资本市场；金融地产—其他金融。

（25）金融地产—房地产

包括中证对应行业：金融地产—房地产。

1.2.2　指标设计思路

（1）分析师层面

在对分析师预测能力进行评价时，首先在单只股票维度计算出分析师每次预测准确度的相对排名并进行标准化。具体做法是：首先，计算每股收益预测值与每股收益真实值之差并取绝对值，得到单次预测与真实值的偏离程度；其次，对跟踪同一只股票的所有预测偏离程度由低到高进行排序，在预测偏离程度相同时，发布时间早的优先，若同日发布，跟踪公司数量多的分析分析师优先，若仍相同，则按分析师姓氏进行排序；最后，对相对排名进行标准化处理得出每次预测准确性的标

① 旧版分类，适用期间为 2013—2015 年度。

准分。

为全面考察证券分析师研究报告的"质"与"量"，在从股票维度得到分析师每次预测的标准分后，我们分别从平均表现和最佳表现两个维度对分析师预测准确性进行评价。在从平均表现维度对分析师表现进行评价时，对分析师在某行业内跟踪的全部公司的预测标准分求平均作为分析师平均表现打分，如分析师跟踪公司横跨不同行业，则对其在不同行业内的预测准确性表现分别评价。

在从最佳表现维度对分析师表现进行评价时，以分析师在某行业内跟踪的全部公司中的最优预测标准分作为分析师最佳表现打分，如分析师跟踪公司横跨不同行业，则对其在不同行业内的准确性表现分别评价。

（2）证券公司层面①

在证券公司层面，从证券公司全部分析师预测准确度表现均值角度及拥有明星分析师席位角度两个维度对证券公司预测能力进行评价。具体做法是：从证券公司全部分析师表现维度对证券公司预测能力进行评价时，对证券公司年度内全部活动分析师②表现求均值作为证券公司表现的衡量，需要说明的是，因对分析师评价具有平均和最佳两个维度，在对证券公司预测表现进行评价时，也相对应的分别从分析师平均标准分、分析师最佳标准分进行计算。

从证券公司拥有明星分析师席位角度对证券公司预测能力进行评价时，以各行业内表现最佳的前五名分析师为明星分析师，以各证券公司拥有明星分析师席位对证券公司的预测能力进行评价，同时考虑到证券公司为产生明星分析师所付出的"成本"不同，我们也同时列示了证券公司对应期间的活动分析师总量及发布研究报告总量，以助于更加全面深入的了解证券公司的预测实力及成本效益。

---

① 详细计算方法见第五章。

② 活动分析师指在相应期间内进行过针对 A 股上市公司的每股收益预测的分析师，即以 CSMAR 数据库为基准，根据 1.2.1 节所介绍的原则进行筛选后，本书所覆盖的分析师，下同。

2 一年期证券分析师预测准确性评价

2.1 数据来源与样本说明

一年期证券分析师预测准确性评价的数据期间为 2017 年 5 月 1 日至 2018 年 4 月 30 日。所有分析师预测数据来源于 CSMAR 数据库,涉及指标包括分析师姓名、分析师编码、所属证券公司名称、预测公司证券代码、证券简称、预测终止日、预测每股收益及实际每股收益。

在对一年期证券分析师预测准确性进行评价时,我们对分析师初始研究报告及预测数据按照如下原则进行剔除:(1)剔除针对非 A 股上市公司的研究报告;(2)剔除未对公司每股收益进行预测的研究报告;(3)分析师同一预测期间内进行多次每股收益预测时,保留该预测期间内最后一次每股收益预测;(4)同一研究报告中对未来多期每股收益进行预测时,保留最近一期每股收益预测。

经上述筛选后,我们最终得到参与一年期证券分析师准确性评价的分析师共 1 975 名。其中,主要消费—食品、饮料与烟草(除农牧渔产品)行业 173 名、主要消费—农牧渔产品行业 139 名、信息技术—信息技术(含半导体、计算机及电子设备、计算机运用)行业 665 名、公用事业—公用事业行业 151 名、医药卫生—医药卫生(含医疗器械与服务、医药生物)行业 332 名、原材料—原材料 1(含化学制品、化学原料)行业 426 名、原材料—原材料 2(含建筑材料、有色金属、钢铁、非金属采矿及制品)行业 291 名、原材料—轻工(含家庭与个人用品、容器与包装、纸类与林业产品)行业 210 名、可选消费—传媒行业 130 名、可选消费—汽车与汽车零部件行业 273 名、可选消费—消费者服务、耐用消费品与服装行业 473 名、可选消费—零售业行业 161 名、工业—交通运输行业 117 名、工业—商业服务与用品行业 265 名、工业—资本品 1(含工业集团企业、建筑与工程、建筑产品)行业 216 名、工业—资本品 2(机械制造)行业 421 名、工业—资本品 3(环保设备、工程与服务)行业 200 名、工业—资本品 4(电气设备)行业 363 名、工业—资本品 5(航空航天与国防)行业 117 名、电信业务—电信业务(含电信服务与通信设备)行业 223 名、能源—能源行业 174 名、金融地产—银行行业 62 名、金融地产—非银金融(含保险、资本市场、其他金融)行业 97 名、金融地产—房地产行业 120 名①。

2.2 一年期证券分析师预测准确性评价结果

我们按照第一章介绍的计算方法,计算出各行业内每位分析师每股收益预测的平均表现得分及最佳表现得分,按照标准分由低到高进行排序②,标准分相同时,行业内跟踪公司多的优先,若仍相同,按分析师姓名排序。按上述排名方法得到一年期的分行业证券分析师预测准确性排名如下,因篇幅所限,我们只列示了各行业内排名前 30 名的分析师,如需获取详细信息,可与作者联系。

表 2-1 一年期分析师预测准确性评价—平均表现(2017.05.01—2018.04.30)
行业：主要消费—食品、饮料与烟草(除农牧渔产品)

分析师姓名	平均表现排名	跟踪股票数量	所属证券公司③
宋红欣	1	1	川财证券有限责任公司
熊承慧	2	1	中信证券股份有限公司
郭荆璞	3	1	信达证券股份有限公司
李铁生	4	1	海通证券股份有限公司
商艾华	5	1	西南证券股份有限公司
李亚军	6	1	广州广证恒生证券投资咨询有限公司
许奇峰	7	2	华泰证券股份有限公司
郑闵钢	8	2	东兴证券股份有限公司
程一胜	9	1	方正证券股份有限公司
盛　夏	10	3	中信证券股份有限公司
王席鑫	11	1	中泰证券股份有限公司
李明亮	12	1	海通证券股份有限公司
黄文忠	13	1	长城国瑞证券有限公司
马晓天	14	1	上海申银万国证券研究所有限公司
黄景文	15	1	西南证券股份有限公司

---

① 因存在同一分析师跟踪不同行业的情况,因此证券分析师总数与各行业分析师数量加总数不一致。

② 标准分越低,预测误差相对越小,预测准确度相对越高。

③ 所属证券公司信息为分析师 2017.05.01—2018.04.30 期间最后一次发布报告时所处的证券公司,下同。

（续表）

分析师姓名	平均表现排名	跟踪股票数量	所属证券公司
孙衡迟	16	3	中泰证券股份有限公司
肖明亮	17	1	广州广证恒生证券投资咨询有限公司
刘　易	18	1	国泰君安证券股份有限公司
王　琦	19	1	光大证券股份有限公司
赵　刚	20	1	长江证券股份有限公司
赵浩然	21	1	长城证券股份有限公司
李永良	22	4	财通证券股份有限公司
安小涛	23	1	国泰君安证券股份有限公司
王语嫣	24	1	长城证券段份有限公司
季序我	25	1	东方证券股份有限公司
杨兆媛	26	4	东北证券股份有限公司
励雅敏	27	1	平安证券股份有限公司
罗雅婷	28	1	中泰证券股份有限公司
朱会振	29	20	西南证券股份有限公司
李佳丰	30	3	安信证券股份有限公司

表 2-2　一年期分析师预测准确性评价—最佳表现(2017.05.01—2018.04.30)
行业：主要消费—食品、饮料与烟草(除农牧渔产品)

分析师姓名	最佳表现排名	跟踪股票数量	所属证券公司
陈梦瑶	1	23	国信证券股份有限公司
马浩博	2	18	东吴证券股份有限公司
牛播坤	3	15	华创证券有限责任公司
陈柏儒	4	16	民生证券股份有限公司
宋红欣	5	1	川财证券有限责任公司
孔梦遥	6	9	海通证券股份有限公司
张　芳	7	31	中信建投证券股份有限公司
刘雪晴	8	9	财富证券有限责任公司
李晓璐	9	8	群益证券(香港)有限公司

（续表）

分析师姓名	最佳表现排名	跟踪股票数量	所属证券公司
汤玮亮	10	9	中银国际证券股份有限公司
苏铖	11	27	安信证券股份有限公司
张镭	12	3	中国中投证券有限责任公司
盛夏	13	3	中信证券股份有限公司
李强	14	29	东北证券股份有限公司
曹岩	15	26	华创证券有限责任公司
刘洁铭	16	25	方正证券股份有限公司
肖婵	17	20	东方证券股份有限公司
刘畅	18	11	东兴证券股份有限公司
董广阳	19	20	招商证券股份有限公司
邢庭志	20	18	中国国际金融股份有限公司
袁霏阳	21	20	中国国际金融股份有限公司
王学谦	22	28	太平洋证券股份有限公司
孟斯硕	23	13	太平洋证券股份有限公司
朱会振	24	20	西南证券股份有限公司
王永锋	25	20	广发证券股份有限公司
黄付生	26	40	太平洋证券股份有限公司
王楠	27	18	华泰证券股份有限公司
范劲松	28	22	中泰证券股份有限公司
胡春霞	29	11	国泰君安证券股份有限公司
戴佳娴	30	25	中信证券股份有限公司

在 2017 年 5 月 1 日至 2018 年 4 月 30 日这一年的期间内,跟踪主要消费——食品、饮料与烟草(除农牧渔产品)行业并作出针对 2017 年每股收益预测的分析师有 173 名。由表 2-1、表 2-2 可以看出,从平均预测准确性角度来看,排名靠前的分析师大多在行业内跟踪公司较少。排在前五名的分析师分别是:川财证券有限责任公司的宋红欣、中信证券股份有限公司的熊承慧、信达证券股份有限公司的郭荆璞、海通证券股份有限公司的李铁生和西南证券股份有限公司的商艾华。从最佳预测准确性角度来看,排名靠前的分析师大多跟踪了不止一家食品、饮料与烟草

(除农牧渔产品)行业内的公司。排在前五名的分析师分别是：国信证券股份有限公司的陈梦瑶、东吴证券股份有限公司的马浩博、华创证券有限责任公司的牛播坤、民生证券股份有限公司的陈柏儒和川财证券有限责任公司的宋红欣。

表 2-3　一年期分析师预测准确性评价—平均表现(2017.05.01—2018.04.30)
行业：主要消费—农牧渔产品

分析师姓名	平均表现排名	跟踪股票数量	所属证券公司
沈　成	1	1	中银国际证券有限责任公司
李亚军	2	1	广州广证恒生证券投资咨询有限公司
朱　栋	3	1	平安证券股份有限公司
皮　秀	4	1	平安证券股份有限公司
肖明亮	5	1	广州广证恒生证券投资咨询有限公司
张　龑	6	1	平安证券股份有限公司
邓永康	7	1	安信证券股份有限公司
傅鸿浩	8	1	安信证券股份有限公司
谢　晨	9	1	华创证券有限责任公司
鲁家瑞	10	3	国泰君安证券股份有限公司
郑嘉伟	11	1	上海申银万国证券研究所有限公司
陈　萌	12	1	中信建投证券股份有限公司
黄付生	13	1	太平洋证券股份有限公司
刘立喜	14	1	东北证券股份有限公司
徐　伟	15	1	中信建投证券股份有限公司
鞠兴海	16	1	中泰证券股份有限公司
钱　浩	17	4	广发证券股份有限公司
徐　昊	18	5	东兴证券股份有限公司
范欣悦	19	1	中泰证券股份有限公司
胡　毅	20	1	华创证券有限责任公司
吕　哲	21	2	华创证券有限责任公司
李跃博	22	1	兴业证券股份有限公司
杨敬梅	23	1	国信证券股份有限公司

（续表）

分析师姓名	平均表现排名	跟踪股票数量	所属证券公司
朱卫华	24	2	招商证券股份有限公司
周家杏	25	2	国元证券股份有限公司
刘晓宁	26	1	上海申银万国证券研究所有限公司
王 乾	27	8	广发证券股份有限公司
钟 奇	28	1	海通证券股份有限公司
韩启明	29	1	上海申银万国证券研究所有限公司
李 瑶	30	2	东北证券股份有限公司

表 2-4 一年期分析师预测准确性评价—最佳表现（2017.05.01—2018.04.30）
行业：主要消费—农牧渔产品

分析师姓名	最佳表现排名	跟踪股票数量	所属证券公司
沈 成	1	1	中银国际证券有限责任公司
龚毓幸	2	5	上海申银万国证券研究所有限公司
李佳丰	3	22	安信证券股份有限公司
王 乾	4	8	广发证券股份有限公司
万 蓉	5	8	华鑫证券有限责任公司
陈柏儒	6	18	民生证券股份有限公司
王 玮	7	7	国海证券股份有限公司
李亚军	8	1	广州广证恒生证券投资咨询有限公司
钟凯锋	9	17	国泰君安证券股份有限公司
徐 昊	10	5	东兴证券股份有限公司
吴 立	11	20	天风证券股份有限公司
朱 栋	12	1	平安证券股份有限公司
李 瑶	13	2	东北证券股份有限公司
程晓东	14	10	太平洋证券股份有限公司
钱 浩	15	4	广发证券股份有限公司
陈 佳	16	4	长江证券股份有限公司
皮 秀	17	1	平安证券股份有限公司

（续表）

分析师姓名	最佳表现排名	跟踪股票数量	所属证券公司
汪　玲	18	18	民生证券股份有限公司
宫衍海	19	8	上海申银万国证券研究所有限公司
肖明亮	20	1	广州广证恒生证券投资咨询有限公司
陈　娇	21	29	兴业证券股份有限公司
鲁家瑞	22	3	国泰君安证券股份有限公司
丁　频	23	15	海通证券股份有限公司
王　莺	24	8	华创证券有限责任公司
董广阳	25	6	招商证券股份有限公司
张　龑	26	1	平安证券股份有限公司
李　强	27	10	东北证券股份有限公司
魏振亚	28	6	天风证券股份有限公司
许奇峰	29	8	华泰证券股份有限公司
赵金厚	30	8	上海申银万国证券研究所有限公司

　　在 2017 年 5 月 1 日至 2018 年 4 月 30 日这一年的期间内,跟踪主要消费—农牧渔产品行业并作出针对 2017 年每股收益预测的分析师有 139 名。由表 2-3、表 2-4 可以看出,从平均预测准确性角度来看,排名靠前的分析师大多在行业内跟踪公司较少。排在前五名的分析师分别是:中银国际证券有限责任公司的沈成、广州广证恒生证券投资咨询有限公司的李亚军、平安证券股份有限公司的朱栋、平安证券股份有限公司的皮秀和广州广证恒生证券投资咨询有限公司的肖明亮。从最佳预测准确性角度来看,排名靠前的分析师大多跟踪了不止一家主要消费—农牧渔产品行业内的公司。排在前五名的分析师分别是:中银国际证券有限责任公司的沈成、上海申银万国证券研究所有限公司的龚毓幸、安信证券股份有限公司的李佳丰、广发证券股份有限公司的王乾和华鑫证券有限责任公司的万蓉。

　　表 2-5　一年期分析师预测准确性评价—平均表现(2017.05.01—2018.04.30)
　　行业:信息技术—信息技术(含半导体、计算机及电子设备、计算机运用)

分析师姓名	平均表现排名	跟踪股票数量	所属证券公司
鄢　鹏	1	1	中信证券股份有限公司
李甜露	2	1	首创证券有限责任公司

（续表）

分析师姓名	平均表现排名	跟踪股票数量	所属证券公司
徐若旭	3	1	上海申银万国证券研究所有限公司
徐 伟	4	1	中信建投证券股份有限公司
王颖婷	5	1	西南证券股份有限公司
陈柏儒	6	1	民生证券股份有限公司
孙胜权	7	1	交银国际证券有限公司
濮 阳	8	1	西南证券股份有限公司
杨 洋	9	1	华泰证券股份有限公司
梅 昕	10	1	华泰证券股份有限公司
邹兰兰	11	1	东北证券股份有限公司
刘玉萍	12	4	招商证券股份有限公司
徐 力	13	3	东吴证券股份有限公司
王 胜	14	1	兴业证券股份有限公司
鞠兴海	15	1	中泰证券股份有限公司
邱日尧	16	2	国泰君安证券股份有限公司
王 超	17	1	招商证券股份有限公司
陈 彦	18	1	中国国际金融股份有限公司
彭 磊	19	1	国泰君安证券股份有限公司
皮 秀	20	1	平安证券股份有限公司
宫模恒	21	1	华安证券股份有限公司
宋兴未	22	4	招商证券股份有限公司
赵汐雯	23	1	民生证券股份有限公司
朱 朋	24	1	中银国际证券股份有限公司
肖俨衍	25	5	中信证券股份有限公司
王 锐	26	1	光大证券股份有限公司
范欣悦	27	1	中泰证券股份有限公司
孙 婷	28	1	海通证券股份有限公司
杨妙姝	29	1	民生证券股份有限公司
苏 晨	30	1	兴业证券股份有限公司

表 2-6　一年期分析师预测准确性评价—最佳表现(2017. 05. 01—2018. 04. 30)

　　　行业：信息技术—信息技术(含半导体、计算机及电子设备、计算机运用)

分析师姓名	最佳表现排名	跟踪股票数量	所属证券公司
胡又文	1	59	安信证券股份有限公司
吴金雅	2	6	国联证券股份有限公司
农冰立	3	31	天风证券股份有限公司
杨泽原	4	8	中信证券股份有限公司
闻学臣	5	46	东北证券股份有限公司
刘　洋	6	31	上海申银万国证券研究所有限公司
焦　娟	7	18	安信证券股份有限公司
许兴军	8	23	广发证券股份有限公司
彭　茜	9	8	华泰证券股份有限公司
周楷宁	10	3	招商证券股份有限公司
张若海	11	35	中信证券股份有限公司
蔡景彦	12	26	华金证券股份有限公司
杨　墨	13	21	国泰君安证券股份有限公司
宝幼琛	14	28	国海证券股份有限公司
陈诤娴	15	8	联讯证券股份有限公司
叶　盛	16	23	东兴证券股份有限公司
丁婉贝	17	16	兴业证券股份有限公司
徐志国	18	12	海通证券股份有限公司
周　炎	19	13	招商证券股份有限公司
文　浩	20	8	天风证券股份有限公司
潘　暕	21	26	天风证券股份有限公司
刘　军	22	11	东北证券股份有限公司
黎　焜	23	4	平安证券股份有限公司
沈海兵	24	40	天风证券股份有限公司
卢　婷	25	37	中国国际金融股份有限公司
何　晨	26	14	财富证券有限责任公司
郑宏达	27	48	海通证券股份有限公司
肖明亮	28	14	广州广证恒生证券投资咨询有限公司
马　军	29	12	方正证券股份有限公司
胡独巍	30	34	民生证券股份有限公司

在 2017 年 5 月 1 日至 2018 年 4 月 30 日这一年的期间内，跟踪信息技术—信息技术（含半导体、计算机及电子设备、计算机运用）行业并作出针对 2017 年每股收益预测的分析师有 665 名。由表 2-5、表 2-6 可以看出，从平均预测准确性角度来看，排名靠前的分析师大多在行业内跟踪公司较少。排在前五名的分析师分别是：中信证券股份有限公司的鄢鹏、首创证券有限责任公司的李甜露、上海申银万国证券研究所有限公司的徐若旭、中信建投证券股份有限公司的徐伟和西南证券股份有限公司的王颖婷。从最佳预测准确性角度来看，排名靠前的分析师大多跟踪了不止一家信息技术—信息技术（含半导体、计算机及电子设备、计算机运用）行业内的公司。排在前五名的分析师分别是：安信证券股份有限公司的胡又文、国联证券股份有限公司的吴金雅、天风证券股份有限公司的农冰立、中信证券股份有限公司的杨泽原和东北证券股份有限公司的闻学臣。

表 2-7　一年期分析师预测准确性评价—平均表现（2017.05.01—2018.04.30）
行业：公用事业—公用事业

分析师姓名	平均表现排名	跟踪股票数量	所属证券公司
商艾华	1	1	西南证券股份有限公司
邱懿峰	2	1	新时代证券股份有限公司
傅鸿浩	3	1	安信证券股份有限公司
黄景文	4	1	西南证券股份有限公司
皮秀	5	1	平安证券股份有限公司
杨心成	6	1	中泰证券股份有限公司
李想	7	1	中信证券股份有限公司
沈成	8	1	中银国际证券有限责任公司
邱长伟	9	1	广发证券股份有限公司
刘佳妮	10	1	中国国际金融股份有限公司
庞文亮	11	1	平安证券股份有限公司
刘欣琦	12	1	国泰君安证券股份有限公司
范海波	13	1	信达证券股份有限公司
杨敬梅	14	1	国信证券股份有限公司
王嵩	15	1	中国国际金融股份有限公司
华鹏伟	16	1	广发证券股份有限公司

（续表）

分析师姓名	平均表现排名	跟踪股票数量	所属证券公司
孙立金	17	1	太平洋证券股份有限公司
苏晨	18	2	兴业证券股份有限公司
曹卫东	19	1	联讯证券股份有限公司
陈笑宇	20	1	浙商证券股份有限公司
袁理	21	1	东吴证券股份有限公司
朱玥	22	2	兴业证券股份有限公司
邵晶鑫	23	2	中泰证券股份有限公司
汪洋	24	11	兴业证券股份有限公司
蔡屹	25	2	兴业证券股份有限公司
邬博华	26	2	长江证券股份有限公司
孙树明	27	1	东北证券股份有限公司
刘晓宁	28	29	上海申银万国证券研究所有限公司
陶贻功	29	2	民生证券股份有限公司
敖颖晨	30	2	兴业证券股份有限公司

表 2-8　一年期分析师预测准确性评价—最佳表现(2017.05.01—2018.04.30)
行业：公用事业—公用事业

分析师姓名	最佳表现排名	跟踪股票数量	所属证券公司
邓永康	1	3	安信证券股份有限公司
商艾华	2	1	西南证券股份有限公司
王颖婷	3	8	西南证券股份有限公司
邱懿峰	4	1	新时代证券股份有限公司
马宝德	5	4	国联证券股份有限公司
刘晓宁	6	29	上海申银万国证券研究所有限公司
徐强	7	7	国泰君安证券股份有限公司
朱栋	8	3	平安证券股份有限公司
郑丹丹	9	3	浙商证券股份有限公司
傅鸿浩	10	1	安信证券股份有限公司

（续表）

分析师姓名	最佳表现排名	跟踪股票数量	所属证券公司
黄景文	11	1	西南证券股份有限公司
刘 俊	12	3	中国国际金融股份有限公司
汪 洋	13	11	兴业证券股份有限公司
王 威	14	10	光大证券股份有限公司
周 磊	15	4	东北证券股份有限公司
濮 阳	16	5	西南证券股份有限公司
皮 秀	17	1	平安证券股份有限公司
季 超	18	7	中国国际金融股份有限公司
杨 洁	19	5	长城证券股份有限公司
王祎佳	20	3	华创证券有限责任公司
杨心成	21	1	中泰证券股份有限公司
郭 鹏	22	5	广发证券股份有限公司
胡 毅	23	2	华创证券有限责任公司
李 想	24	1	中信证券股份有限公司
龚斯闻	25	15	东北证券股份有限公司
郭丽丽	26	6	方正证券股份有限公司
王 璐	27	28	上海申银万国证券研究所有限公司
伍永刚	28	2	国泰君安证券股份有限公司
沈 成	29	1	中银国际证券有限责任公司
邱长伟	30	1	广发证券股份有限公司

在2017年5月1日至2018年4月30日这一年的期间内，跟踪公用事业—公用事业行业并作出针对2017年每股收益预测的分析师有151名。由表2-7、表2-8可以看出，从平均预测准确性角度来看，排名靠前的分析师大多在行业内跟踪公司较少。排在前五名的分析师分别是：西南证券股份有限公司的商艾华、新时代证券股份有限公司的邱懿峰、安信证券股份有限公司的傅鸿浩、西南证券股份有限公司的黄景文和平安证券股份有限公司的皮秀。从最佳预测准确性角度来看，排在前五名的分析师分别是：安信证券股份有限公司的邓永康、西南证券股份有限公司的商艾华、西南证券股份有限公司的王颖婷、新时代证券股份有限公司的邱

懿峰和国联证券股份有限公司的马宝德。

表 2-9　一年期分析师预测准确性评价—平均表现(2017.05.01—2018.04.30)

行业：医药卫生—医药卫生

分析师姓名	平均表现排名	跟踪股票数量	所属证券公司
唐卓菁	1	1	中国国际金融股份有限公司
姚　文	2	1	万联证券股份有限公司
袁煜明	3	1	兴业证券股份有限公司
罗　婷	4	1	中信建投证券股份有限公司
励雅敏	5	1	平安证券股份有限公司
徐留明	6	1	兴业证券股份有限公司
谢春生	7	2	中泰证券股份有限公司
虞小波	8	1	财通证券股份有限公司
雷　霁	9	1	兴业证券股份有限公司
李宏鹏	10	1	招商证券股份有限公司
郝　彪	11	1	东吴证券股份有限公司
刘　易	12	1	国泰君安证券股份有限公司
姜国平	13	1	光大证券股份有限公司
刘　军	14	1	东北证券股份有限公司
龚毓幸	15	2	上海申银万国证券研究所有限公司
侯佳林	16	1	爱建证券有限责任公司
陈宏亮	17	1	国泰君安证券股份有限公司
游涓洋	18	1	东方证券股份有限公司
李　强	19	1	东北证券股份有限公司
刘孙亮	20	1	爱建证券有限责任公司
刘洁铭	21	1	方正证券股份有限公司
卢　婷	22	2	中国国际金融股份有限公司
曹　令	23	1	华创证券有限责任公司
张若海	24	2	中信证券股份有限公司
田杰华	25	1	新时代证券股份有限公司

（续表）

分析师姓名	平均表现排名	跟踪股票数量	所属证券公司
郑恺	26	1	招商证券股份有限公司
张晗	27	1	东北证券股份有限公司
孙明达	28	4	国泰君安证券股份有限公司
王冯	29	2	华金证券股份有限公司
区少萍	30	1	国泰君安证券股份有限公司

表 2-10　一年期分析师预测准确性评价—最佳表现(2017.05.01—2018.04.30)
行业：医药卫生—医药卫生

分析师姓名	最佳表现排名	跟踪股票数量	所属证券公司
沈文文	1	6	中航证券有限公司
范国和	2	6	辉立证券集团
张旭	3	8	山西证券股份有限公司
沈赟	4	4	万联证券股份有限公司
季序我	5	30	东方证券股份有限公司
李平祝	6	9	中国银河证券股份有限公司
全铭	7	37	东吴证券股份有限公司
崔文亮	8	53	安信证券股份有限公司
朱国广	9	84	西南证券股份有限公司
李敬雷	10	35	国金证券股份有限公司
徐佳熹	11	74	兴业证券股份有限公司
江琦	12	34	中泰证券股份有限公司
蔡明子	13	22	民生证券股份有限公司
王凤华	14	14	联讯证券股份有限公司
刘雪晴	15	10	财富证券有限责任公司
盛夏	16	5	中信证券股份有限公司
沈瑞	17	63	财通证券股份有限公司
余文心	18	53	海通证券股份有限公司
崔洁铭	19	20	东北证券股份有限公司

（续表）

分析师姓名	最佳表现排名	跟踪股票数量	所属证券公司
高　岳	20	7	长江证券股份有限公司
宋　凯	21	27	华创证券有限责任公司
张金洋	22	51	东兴证券股份有限公司
李　锋	23	30	民生证券股份有限公司
杜永宏	24	14	华鑫证券有限责任公司
张文录	25	68	财通证券股份有限公司
胡博新	26	26	国海证券股份有限公司
徐　曼	27	39	华金证券股份有限公司
唐卓菁	28	1	中国国际金融股份有限公司
吴　立	29	6	天风证券股份有限公司
田加强	30	38	中信证券股份有限公司

在 2017 年 5 月 1 日至 2018 年 4 月 30 日这一年的期间内,跟踪医药卫生—医药卫生行业并作出针对 2017 年每股收益预测的分析师有 332 名。由表 2-9、表 2-10、可以看出,从平均预测准确性角度来看,排名靠前的分析师大多在行业内跟踪公司较少。排在前五名的分析师分别是:中国国际金融股份有限公司的唐卓菁、万联证券股份有限公司的姚文、兴业证券股份有限公司的袁煜明、中信建投证券股份有限公司的罗婷和平安证券股份有限公司的励雅敏。从最佳预测准确性角度来看,排名靠前的分析师大多跟踪了不止一家医药卫生—医药卫生行业内的公司。排在前五名的分析师分别是:中航证券有限公司的沈文文、辉立证券集团的范国和、山西证券股份有限公司的张旭、万联证券股份有限公司的沈赟和东方证券股份有限公司的季序我。

表 2-11　一年期分析师预测准确性评价—平均表现(2017. 05. 01—2018. 04. 30)
　　　　　行业:原材料—原材料 1(含化学制品、化学原料)

分析师姓名	平均表现排名	跟踪股票数量	所属证券公司
沈文文	1	1	中航证券有限公司
唐　楠	2	1	招商证券股份有限公司
卢　婷	3	1	中国国际金融股份有限公司
范劲松	4	1	中泰证券股份有限公司

（续表）

分析师姓名	平均表现排名	跟踪股票数量	所属证券公司
王晓东	5	1	中航证券有限公司
陈俊鹏	6	1	光大证券股份有限公司
张蕾	7	1	国海证券股份有限公司
李隆海	8	3	东莞证券股份有限公司
任宇超	9	1	国泰君安证券股份有限公司
莫崇康	10	1	中航证券有限公司
胡正洋	11	1	广发证券股份有限公司
关滨	12	1	中国国际金融股份有限公司
洪骐	13	1	天风证券股份有限公司
王祎佳	14	1	华创证券有限责任公司
周泰	15	1	安信证券股份有限公司
王玮嘉	16	1	华泰证券股份有限公司
董忠云	17	1	中航证券有限公司
张颖	18	1	东方证券股份有限公司
王聪	19	1	国泰君安证券股份有限公司
冯胜	20	1	国海证券股份有限公司
彭琪	21	1	招商证券股份有限公司
赵炳楠	22	1	广发证券股份有限公司
苏宝亮	23	1	国金证券股份有限公司
刘军	24	4	东北证券股份有限公司
赵蓬	25	1	华泰证券股份有限公司
董瑞斌	26	2	招商证券股份有限公司
游家训	27	1	招商证券股份有限公司
朱朋	28	1	中银国际证券股份有限公司
缴文超	29	2	平安证券股份有限公司
刘洋	30	1	国金证券股份有限公司

表 2-12 一年期分析师预测准确性评价—最佳表现(2017.05.01—2018.04.30)

行业：原材料—原材料 1(含化学制品、化学原料)

分析师姓名	最佳表现排名	跟踪股票数量	所属证券公司
沈 瑞	1	4	财通证券股份有限公司
代鹏举	2	31	国海证券股份有限公司
郑方镳	3	8	兴业证券股份有限公司
鲍荣富	4	3	华泰证券股份有限公司
邹 戈	5	5	广发证券股份有限公司
虞小波	6	14	财通证券股份有限公司
徐留明	7	40	兴业证券股份有限公司
马 太	8	16	长江证券股份有限公司
牟国洪	9	2	中原证券股份有限公司
马昕晔	10	9	上海申银万国证券研究所有限公司
李明刚	11	36	国泰君安证券股份有限公司
刘 军	12	4	东北证券股份有限公司
沈文文	13	1	中航证券有限公司
商艾华	14	54	西南证券股份有限公司
周 铮	15	28	招商证券股份有限公司
杨 云	16	9	浙商证券股份有限公司
陈宏亮	17	33	天风证券股份有限公司
邹兰兰	18	35	东北证券股份有限公司
王凤华	19	9	联讯证券股份有限公司
刘 威	20	90	海通证券股份有限公司
黄道立	21	4	国信证券股份有限公司
李晓辉	22	8	民生证券股份有限公司
李永磊	23	8	方正证券股份有限公司
李 辉	24	26	天风证券股份有限公司
曹 令	25	55	华创证券有限责任公司
赵 辰	26	9	东方证券股份有限公司

（续表）

分析师姓名	最佳表现排名	跟踪股票数量	所属证券公司
杨 伟	27	41	太平洋证券股份有限公司
孙维容	28	22	招商证券股份有限公司
周 航	29	18	广发证券股份有限公司
唐 楠	30	1	招商证券股份有限公司

在 2017 年 5 月 1 日至 2018 年 4 月 30 日这一年的期间内，跟踪原材料—原材料 1（含化学制品、化学原料）行业并作出针对 2017 年每股收益预测的分析师有 426 名。由表 2-11、表 2-12 可以看出，从平均预测准确性角度来看，排名靠前的分析师大多在行业内跟踪公司较少。排在前五名的分析师分别是：中航证券有限公司的沈文文、招商证券股份有限公司的唐楠、中国国际金融股份有限公司的卢婷、中泰证券股份有限公司的范劲松和中航证券有限公司的王晓东。从最佳预测准确性角度来看，排名靠前的分析师大多跟踪了不止一家原材料—原材料 1（含化学制品、化学原料）行业内的公司。排在前五名的分析师分别是：财通证券股份有限公司的沈瑞、国海证券股份有限公司的代鹏举、兴业证券股份有限公司的郑方镳、华泰证券股份有限公司的鲍荣富和广发证券股份有限公司的邹戈。

表 2-13　一年期分析师预测准确性评价—平均表现（2017.05.01—2018.04.30）
　　　　行业：原材料—原材料 2（含建筑材料、有色金属、钢铁、非金属采矿及制品）

分析师姓名	平均表现排名	跟踪股票数量	所属证券公司
张 斌	1	1	国金证券股份有限公司
曲小溪	2	1	长城证券股份有限公司
陶贻功	3	1	民生证券股份有限公司
贺众营	4	1	华融证券股份有限公司
孟烨勇	5	1	上海申银万国证券研究所有限公司
王 刚	6	1	华金证券股份有限公司
苏多永	7	1	安信证券股份有限公司
郑丹丹	8	1	浙商证券股份有限公司
孙宇翔	9	1	民生证券股份有限公司
刘倩倩	10	2	太平洋证券股份有限公司
张如许	11	1	长城证券股份有限公司

（续表）

分析师姓名	平均表现排名	跟踪股票数量	所属证券公司
王晓东	12	1	中航证券有限公司
沈独伊	13	1	浙商证券股份有限公司
王 鹏	14	1	川财证券有限责任公司
刘 峰	15	1	长城证券股份有限公司
莫崇康	16	1	中航证券有限公司
吕 娟	17	1	方正证券股份有限公司
王 鹏	18	2	浙商证券股份有限公司
邱懿峰	19	1	新时代证券股份有限公司
许兴军	20	1	广发证券股份有限公司
李 欣	21	1	中航证券有限公司
徐 强	22	1	国泰君安证券股份有限公司
金嘉欣	23	1	安信证券股份有限公司
牛致远	24	1	长城证券股份有限公司
董忠云	25	1	中航证券有限公司
郭 鹏	26	1	广发证券股份有限公司
高 鹏	27	1	方正证券股份有限公司
曹 令	28	2	华创证券有限责任公司
陆 洲	29	1	东兴证券股份有限公司
韩佳蕊	30	1	国泰君安证券股份有限公司

表 2-14　一年期分析师预测准确性评价—最佳表现(2017.05.01—2018.04.30)
行业：原材料—原材料2(含建筑材料、有色金属、钢铁、非金属采矿及制品)

分析师姓名	最佳表现排名	跟踪股票数量	所属证券公司
张 斌	1	1	国金证券股份有限公司
邹 戈	2	6	广发证券股份有限公司
刘 岗	3	4	西南证券股份有限公司
赵军胜	4	2	东兴证券股份有限公司
唐 凯	5	21	东北证券股份有限公司

（续表）

分析师姓名	最佳表现排名	跟踪股票数量	所属证券公司
鲍雁辛	6	19	国泰君安证券股份有限公司
敖翀	7	7	中信证券股份有限公司
宫模恒	8	5	华安证券股份有限公司
姜以宁	9	3	群益证券（香港）有限公司
杨诚笑	10	39	天风证券股份有限公司
刘华峰	11	16	国泰君安证券股份有限公司
王锡文	12	6	方正证券股份有限公司
谭倩	13	13	国海证券股份有限公司
喻罗毅	14	9	民生证券股份有限公司
王念春	15	11	国信证券股份有限公司
赵鑫	16	10	广发证券股份有限公司
沈文文	17	2	中航证券有限公司
曲小溪	18	1	长城证券股份有限公司
任志强	19	59	华创证券有限责任公司
代鹏举	20	27	国海证券股份有限公司
王鹏	21	2	浙商证券股份有限公司
宋江波	22	5	万联证券股份有限公司
邵晶鑫	23	4	中泰证券股份有限公司
王招华	24	11	光大证券股份有限公司
陶贻功	25	1	民生证券股份有限公司
笃慧	26	22	中泰证券股份有限公司
王茜	27	14	天风证券股份有限公司
范劲松	28	15	民生证券股份有限公司
邱瀚萱	29	5	川财证券有限责任公司
王凤华	30	2	联讯证券股份有限公司

　　在 2017 年 5 月 1 日至 2018 年 4 月 30 日这一年的期间内,跟踪原材料——原材料 2(含建筑材料、有色金属、钢铁、非金属采矿及制品)行业并作出针对 2017 年每

股收益预测的分析师有291名。由表2-13、表2-14可以看出,从平均预测准确性角度来看,排名靠前的分析师大多在行业内跟踪公司较少。排在前五名的分析师分别是:国金证券股份有限公司的张斌、长城证券股份有限公司的曲小溪、民生证券股份有限公司的陶贻功、华融证券股份有限公司的贺众营和上海申银万国证券研究所有限公司的孟烨勇。从最佳预测准确性角度来看,排名靠前的分析师大多跟踪了不止一家原材料—原材料2(含建筑材料、有色金属、钢铁、非金属采矿及制品)行业内的公司。排在前五名的分析师分别是:国金证券股份有限公司的张斌、广发证券股份有限公司的邹戈、西南证券股份有限公司的刘岗、东兴证券股份有限公司的赵军胜和东北证券股份有限公司的唐凯。

表2-15　一年期分析师预测准确性评价—平均表现(2017.05.01—2018.04.30)
行业:原材料—轻工(含家庭与个人用品、容器与包装、纸类与林业产品)

分析师姓名	平均表现排名	跟踪股票数量	所属证券公司
邬博华	1	1	长江证券股份有限公司
代鹏举	2	1	国海证券股份有限公司
吴骁宇	3	1	天风证券股份有限公司
马　军	4	1	长江证券股份有限公司
牛播坤	5	1	华创证券有限责任公司
巨国贤	6	1	广发证券股份有限公司
胡又文	7	1	安信证券股份有限公司
凌润东	8	1	中信证券股份有限公司
张　垚	9	1	长江证券股份有限公司
陈浩武	10	1	光大证券股份有限公司
张一弛	11	1	海通证券股份有限公司
朱纯阳	12	1	招商证券股份有限公司
施红梅	13	2	东方证券股份有限公司
宋　涛	14	1	上海申银万国证券研究所有限公司
沈　衡	15	1	上海申银万国证券研究所有限公司
王小勇	16	1	新时代证券股份有限公司
孙雨轩	17	1	安信证券股份有限公司
赵　鑫	18	1	广发证券股份有限公司

（续表）

分析师姓名	平均表现排名	跟踪股票数量	所属证券公司
许 正	19	1	财富证券有限责任公司
洪 涛	20	2	广发证券股份有限公司
王 钦	21	1	中银国际证券股份有限公司
焦 娟	22	1	安信证券股份有限公司
缴文超	23	1	平安证券股份有限公司
赵越峰	24	2	东方证券股份有限公司
沈 成	25	1	中银国际证券有限责任公司
聂贻哲	26	2	民生证券股份有限公司
郑晓刚	27	1	招商证券股份有限公司
孙 婷	28	1	海通证券股份有限公司
师克克	29	1	光大证券股份有限公司
蔡方羿	30	2	长江证券股份有限公司

表 2-16　一年期分析师预测准确性评价—最佳表现(2017.05.01—2018.04.30)

行业：原材料—轻工(含家庭与个人用品、容器与包装、纸类与林业产品)

分析师姓名	最佳表现排名	跟踪股票数量	所属证券公司
李宏鹏	1	13	招商证券股份有限公司
雒雅梅	2	8	兴业证券股份有限公司
樊俊豪	3	8	中国国际金融股份有限公司
周海晨	4	10	上海申银万国证券研究所有限公司
花小伟	5	9	中信建投证券股份有限公司
邬博华	6	1	长江证券股份有限公司
杨志威	7	5	中银国际证券有限责任公司
唐 凯	8	6	东北证券股份有限公司
代鹏举	9	1	国海证券股份有限公司
黄道立	10	3	国信证券股份有限公司
郑 恺	11	13	招商证券股份有限公司
王婉婷	12	3	兴业证券股份有限公司

（续表）

分析师姓名	最佳表现排名	跟踪股票数量	所属证券公司
洪　涛	13	2	广发证券股份有限公司
王海量	14	5	中国国际金融股份有限公司
周文波	15	7	安信证券股份有限公司
吴骁宇	16	1	天风证券股份有限公司
屠亦婷	17	10	上海申银万国证券研究所有限公司
孙金琦	18	8	中信建投证券股份有限公司
马　军	19	1	长江证券股份有限公司
濮冬燕	20	13	招商证券股份有限公司
赵综艺	21	4	中银国际证券有限责任公司
曾　知	22	7	海通证券股份有限公司
张　宇	23	2	海通证券股份有限公司
杜　洋	24	8	上海申银万国证券研究所有限公司
周　羽	25	2	中信证券股份有限公司
徐林锋	26	6	方正证券股份有限公司
陈柏儒	27	8	民生证券股份有限公司
牛播坤	28	1	华创证券有限责任公司
赵中平	29	10	广发证券股份有限公司
巨国贤	30	1	广发证券股份有限公司

在 2017 年 5 月 1 日至 2018 年 4 月 30 日这一年的期间内,跟踪原材料—轻工(含家庭与个人用品、容器与包装、纸类与林业产品)行业并作出针对 2017 年每股收益预测的分析师有 210 名。由表 2-15、表 2-16 可以看出,从平均预测准确性角度来看,排名靠前的分析师大多在行业内跟踪公司较少。排在前五名的分析师分别是:长江证券股份有限公司的邬博华、国海证券股份有限公司的代鹏举、天风证券股份有限公司的吴骁宇、长江证券股份有限公司的马军和华创证券有限责任公司的牛播坤。从最佳预测准确性角度来看,排名靠前的分析师大多跟踪了不止一家原材料—轻工(含家庭与个人用品、容器与包装、纸类与林业产品)行业内的公司。排在前五名的分析师分别是:招商证券股份有限公司的李宏鹏、兴业证券股份有限公司的雒雅梅、中国国际金融股份有限公司的樊俊豪、上海申银万国证券研

究所有限公司的周海晨和中信建投证券股份有限公司的花小伟。

表 2-17　一年期分析师预测准确性评价—平均表现(2017.05.01—2018.04.30)

行业：可选消费—传媒

分析师姓名	平均表现排名	跟踪股票数量	所属证券公司
张　冰	1	1	平安证券股份有限公司
黄文忠	2	1	长城国瑞证券有限公司
单　丹	3	1	信达证券股份有限公司
郭荆璞	4	1	信达证券股份有限公司
杨　云	5	1	浙商证券股份有限公司
冯翠婷	6	2	天风证券股份有限公司
周良玖	7	1	东吴证券股份有限公司
胡　申	8	1	信达证券股份有限公司
王　晛	9	1	中泰证券股份有限公司
李孟枭	10	1	平安证券股份有限公司
王莎莎	11	1	华泰证券股份有限公司
顾　晟	12	1	上海申银万国证券研究所有限公司
谭　倩	13	4	国海证券股份有限公司
钟　惠	14	1	信达证券股份有限公司
周建华	15	7	上海申银万国证券研究所有限公司
肖丽荣	16	9	华创证券有限责任公司
唐思思	17	7	中信证券股份有限公司
林　娟	18	2	平安证券股份有限公司
项雯倩	19	1	东方证券股份有限公司
施　妍	20	3	上海申银万国证券研究所有限公司
李　妍	21	2	华创证券有限责任公司
刘浩然	22	7	长城证券股份有限公司
李雨琪	23	1	华创证券有限责任公司
谢　晨	24	14	华创证券有限责任公司
陶　冶	25	10	财通证券股份有限公司

分析师姓名	平均表现排名	跟踪股票数量	所属证券公司
文　浩	26	7	天风证券股份有限公司
何思霖	27	5	长城证券股份有限公司
姚轩杰	28	5	新时代证券股份有限公司
滕文飞	29	15	上海证券有限责任公司
沈明辉	30	3	广发证券股份有限公司

表2-18　一年期分析师预测准确性评价—最佳表现(2017.05.01—2018.04.30)

行业：可选消费—传媒

分析师姓名	最佳表现排名	跟踪股票数量	所属证券公司
丁婉贝	1	22	兴业证券股份有限公司
陈　筱	2	11	国泰君安证券股份有限公司
陶　冶	3	10	财通证券股份有限公司
王　铮	4	9	光大证券股份有限公司
肖俨衍	5	12	中信证券股份有限公司
顾　佳	6	13	招商证券股份有限公司
周建华	7	7	上海申银万国证券研究所有限公司
钟　奇	8	37	海通证券股份有限公司
谢　晨	9	14	华创证券有限责任公司
邵　伟	10	10	国海证券股份有限公司
文　浩	11	7	天风证券股份有限公司
张　冰	12	1	平安证券股份有限公司
施　妍	13	3	上海申银万国证券研究所有限公司
张　衡	14	15	国信证券股份有限公司
胡　皓	15	5	新时代证券股份有限公司
胡嘉铭	16	6	群益证券（香港）有限公司
孔　蓉	17	10	国元证券股份有限公司
唐思思	18	7	中信证券股份有限公司
滕文飞	19	15	上海证券有限责任公司

（续表）

分析师姓名	最佳表现排名	跟踪股票数量	所属证券公司
刘浩然	20	7	长城证券股份有限公司
方光照	21	6	招商证券股份有限公司
廖绪发	22	3	北京高华证券有限责任公司
孟 玮	23	19	中国国际金融股份有限公司
武超则	24	2	中信建投证券股份有限公司
汪 澄	25	6	上海申银万国证券研究所有限公司
黄文忠	26	1	长城国瑞证券有限公司
陈净娴	27	17	联讯证券股份有限公司
单 丹	28	1	信达证券股份有限公司
郝艳辉	29	19	海通证券股份有限公司
郭荆璞	30	1	信达证券股份有限公司

  在2017年5月1日至2018年4月30日这一年的期间内，跟踪可选消费—传媒行业并作出针对2017年每股收益预测的分析师有130名。由表2-17、表2-18可以看出，从平均预测准确性角度来看，排名靠前的分析师大多在行业内跟踪公司较少。排在前五名的分析师分别是：平安证券股份有限公司的张冰、长城国瑞证券有限公司的黄文忠、信达证券股份有限公司的单丹、信达证券股份有限公司的郭荆璞和浙商证券股份有限公司的杨云。从最佳预测准确性角度来看，排名靠前的分析师大多跟踪了不止一家可选消费—传媒行业内的公司。排在前五名的分析师分别是：兴业证券股份有限公司的丁婉贝、国泰君安证券股份有限公司的陈筱、财通证券股份有限公司的陶冶、光大证券股份有限公司的王铮和中信证券股份有限公司的肖俨衍。

表2-19 一年期分析师预测准确性评价—平均表现（2017.05.01—2018.04.30）

行业：可选消费—汽车与汽车零部件

分析师姓名	平均表现排名	跟踪股票数量	所属证券公司
熊 莉	1	1	西南证券股份有限公司
陈 珂	2	1	浙商证券股份有限公司
毛新宇	3	1	东吴证券股份有限公司
郑震湘	4	1	中泰证券股份有限公司

（续表）

分析师姓名	平均表现排名	跟踪股票数量	所属证券公司
徐留明	5	1	兴业证券股份有限公司
李君海	6	1	国信证券股份有限公司
姜国平	7	1	光大证券股份有限公司
常潇雅	8	1	西南证券股份有限公司
文　浩	9	1	天风证券股份有限公司
骆志伟	10	1	国信证券股份有限公司
刘　曦	11	1	华泰证券股份有限公司
王书伟	12	1	安信证券股份有限公司
闻学臣	13	2	东北证券股份有限公司
虞小波	14	1	财通证券股份有限公司
袁煜明	15	1	兴业证券股份有限公司
周　丹	16	1	方正证券股份有限公司
杨泽原	17	1	中信证券股份有限公司
陈　彦	18	1	中国国际金融股份有限公司
邹兰兰	19	1	东北证券股份有限公司
杨敬梅	20	1	国信证券股份有限公司
汪立亭	21	1	海通证券股份有限公司
张世杰	22	2	东北证券股份有限公司
冯翠婷	23	1	天风证券股份有限公司
杨　晖	24	1	长城证券股份有限公司
刘　宾	25	1	长城国瑞证券有限公司
李楠竹	26	1	东北证券股份有限公司
张櫸櫸	27	2	天风证券股份有限公司
李铁生	28	1	海通证券股份有限公司
顾　锐	29	4	长城证券股份有限公司
于　芳	30	1	华鑫证券有限责任公司

表2-20 一年期分析师预测准确性评价—最佳表现(2017.05.01—2018.04.30)

行业：可选消费—汽车与汽车零部件

分析师姓名	最佳表现排名	跟踪股票数量	所属证券公司
唐 哲	1	11	广发证券股份有限公司
汪刘胜	2	19	招商证券股份有限公司
李永良	3	13	财通证券股份有限公司
李金锦	4	7	长城证券股份有限公司
张东东	5	14	民生证券股份有限公司
彭 勇	6	22	财通证券股份有限公司
杨若木	7	8	东兴证券股份有限公司
邓 学	8	28	天风证券股份有限公司
高 翔	9	20	西南证券股份有限公司
梁 超	10	19	国信证券股份有限公司
熊 莉	11	1	西南证券股份有限公司
欧子辰	12	15	华创证券有限责任公司
刘振宇	13	9	民生证券股份有限公司
衡 昆	14	16	安信证券股份有限公司
张 乐	15	11	广发证券股份有限公司
奉 玮	16	29	中国国际金融股份有限公司
陈 珂	17	1	浙商证券股份有限公司
毛新宇	18	1	东吴证券股份有限公司
郑震湘	19	1	中泰证券股份有限公司
崔 琰	20	24	天风证券股份有限公司
马 松	21	18	国联证券股份有限公司
蔡麟琳	22	10	上海申银万国证券研究所有限公司
徐留明	23	1	兴业证券股份有限公司
谢志才	24	19	华泰证券股份有限公司
李君海	25	1	国信证券股份有限公司
周绍倩	26	11	国海证券股份有限公司

分析师姓名	最佳表现排名	跟踪股票数量	所属证券公司
凌　春	27	6	长城证券股份有限公司
陈俊斌	28	15	中信证券股份有限公司
徐凌羽	29	14	民生证券股份有限公司
闫俊刚	30	11	广发证券股份有限公司

在 2017 年 5 月 1 日至 2018 年 4 月 30 日这一年的期间内，跟踪可选消费—汽车与汽车零部件行业并作出针对 2017 年每股收益预测的分析师有 273 名。由表 2-19、表 2-20 可以看出，从平均预测准确性角度来看，排名靠前的分析师大多在行业内跟踪公司较少。排在前五名的分析师分别是：西南证券股份有限公司的熊莉、浙商证券股份有限公司的陈珂、东吴证券股份有限公司的毛新宇、中泰证券股份有限公司的郑震湘和兴业证券股份有限公司的徐留明。从最佳预测准确性角度来看，排名靠前的分析师大多跟踪了不止一家可选消费—汽车与汽车零部件行业内的公司。排在前五名的分析师分别是：广发证券股份有限公司的唐哲、招商证券股份有限公司的汪刘胜、财通证券股份有限公司的李永良、长城证券股份有限公司的李金锦和民生证券股份有限公司的张东东。

表 2-21　一年期分析师预测准确性评价—平均表现（2017.05.01—2018.04.30）
行业：可选消费—消费者服务、耐用消费品与服装

分析师姓名	平均表现排名	跟踪股票数量	所属证券公司
赵令伊	1	1	民生证券股份有限公司
王　湛	2	1	太平洋证券股份有限公司
冯福章	3	1	安信证券股份有限公司
卢　婷	4	1	中国国际金融股份有限公司
孙芳芳	5	1	浙商证券股份有限公司
董瑞斌	6	1	招商证券股份有限公司
刘晓波	7	1	光大证券股份有限公司
王　铮	8	1	光大证券股份有限公司
闻学臣	9	1	东北证券股份有限公司
洪吉然	10	1	财通证券股份有限公司
叶　群	11	1	广发证券股份有限公司

(续表)

分析师姓名	平均表现排名	跟踪股票数量	所属证券公司
王宇飞	12	1	中国国际金融股份有限公司
张 傲	13	1	安信证券股份有限公司
王瑶平	14	1	中国国际金融股份有限公司
杨 藻	15	1	天风证券股份有限公司
柴 博	16	1	天风证券股份有限公司
丁婉贝	17	1	兴业证券股份有限公司
张景财	18	1	招商证券股份有限公司
黎韬扬	19	1	中信建投证券股份有限公司
刘 凯	20	1	光大证券股份有限公司
谢 晨	21	1	华创证券有限责任公司
蒲 寒	22	1	中国国际金融股份有限公司
马 军	23	1	方正证券股份有限公司
张 斌	24	1	国金证券股份有限公司
颜 沁	25	1	浙商证券股份有限公司
张 涛	26	2	上海证券有限责任公司
许 娟	27	1	华泰证券股份有限公司
张世杰	28	1	东北证券股份有限公司
黄守宏	29	5	安信证券股份有限公司
王洁婷	30	1	华金证券股份有限公司

表2-22 一年期分析师预测准确性评价—最佳表现(2017.05.01—2018.04.30)
行业：可选消费—消费者服务、耐用消费品与服装

分析师姓名	最佳表现排名	跟踪股票数量	所属证券公司
张 龙	1	9	安信证券股份有限公司
李跃博	2	36	兴业证券股份有限公司
揭 力	3	19	国金证券股份有限公司
魏红梅	4	25	东莞证券股份有限公司
刘孙亮	5	6	爱建证券有限责任公司

（续表）

分析师姓名	最佳表现排名	跟踪股票数量	所属证券公司
王书伟	6	2	安信证券股份有限公司
金　龙	7	4	国海证券股份有限公司
张峻豪	8	15	国信证券股份有限公司
王雨丝	9	10	中泰证券股份有限公司
唐　凯	10	24	东北证券股份有限公司
姜　娅	11	12	中信证券股份有限公司
杨志威	12	8	中银国际证券股份有限公司
徐　春	13	10	长江证券股份有限公司
于旭辉	14	18	长江证券股份有限公司
王　茜	15	2	天风证券股份有限公司
王朝宁	16	16	东北证券股份有限公司
王鹤岱	17	7	华泰证券股份有限公司
张　艺	18	14	东吴证券股份有限公司
汤　军	19	9	东吴证券股份有限公司
陈　曦	20	7	浙商证券股份有限公司
王立平	21	36	上海申银万国证券研究所有限公司
王莎莎	22	5	华泰证券股份有限公司
陈子仪	23	22	海通证券股份有限公司
何　晨	24	11	财富证券有限责任公司
谢宁铃	25	4	光大证券股份有限公司
曾　婵	26	19	广发证券股份有限公司
王　刚	27	7	华金证券股份有限公司
周玉华	28	11	国海证券股份有限公司
刘　正	29	6	浙商证券股份有限公司
糜韩杰	30	28	广发证券股份有限公司

在 2017 年 5 月 1 日至 2018 年 4 月 30 日这一年的期间内,跟踪可选消费—消费者服务、耐用消费品与服装行业并作出针对 2017 年每股收益预测的分析师有

473 名。由表 2-21、表 2-22 可以看出，从平均预测准确性角度来看，排名靠前的分析师大多在行业内跟踪公司较少。排在前五名的分析师分别是：民生证券股份有限公司的赵令伊、太平洋证券股份有限公司的王湛、安信证券股份有限公司的冯福章、中国国际金融股份有限公司的卢婷和浙商证券股份有限公司的孙芳芳。从最佳预测准确性角度来看，排名靠前的分析师大多跟踪了不止一家可选消费—消费者服务、耐用消费品与服装行业内的公司。排在前五名的分析师分别是：安信证券股份有限公司的张龙、兴业证券股份有限公司的李跃博、国金证券股份有限公司的揭力、东莞证券股份有限公司的魏红梅和爱建证券有限责任公司的刘孙亮。

表 2-23　一年期分析师预测准确性评价—平均表现（2017. 05. 01—2018. 04. 30）

行业：可选消费—零售业

分析师姓名	平均表现排名	跟踪股票数量	所属证券公司
鄢　鹏	1	1	中信证券股份有限公司
穆方舟	2	1	国泰君安证券股份有限公司
马　军	3	1	方正证券股份有限公司
江迎若	4	1	东海证券股份有限公司
焦　娟	5	2	安信证券股份有限公司
吴晓飞	6	1	国泰君安证券股份有限公司
刘　丽	7	1	招商证券股份有限公司
张金洋	8	1	东兴证券股份有限公司
陈柏儒	9	2	民生证券股份有限公司
林昕宇	10	1	国泰君安证券股份有限公司
郑闵钢	11	1	东兴证券股份有限公司
林骥川	12	1	东吴证券股份有限公司
邢军亮	13	1	兴业证券股份有限公司
瞿永忠	14	1	东北证券股份有限公司
宋　劲	15	1	东兴证券股份有限公司
乐加栋	16	1	广发证券股份有限公司
吕若晨	17	1	中国国际金融股份有限公司
宫衍海	18	1	上海申银万国证券研究所有限公司
张若海	19	1	中信证券股份有限公司

（续表）

分析师姓名	平均表现排名	跟踪股票数量	所属证券公司
王中骁	20	2	安信证券股份有限公司
王晓艳	21	1	东北证券股份有限公司
陈筱	22	1	国泰君安证券股份有限公司
刘亚舟	23	3	长江证券股份有限公司
方方	24	1	民生证券股份有限公司
崔文亮	25	1	安信证券股份有限公司
李锦	26	5	长江证券股份有限公司
郭海燕	27	12	中国国际金融股份有限公司
孙妤	28	1	招商证券股份有限公司
王胜	29	1	兴业证券股份有限公司
陈亮	30	5	长江证券股份有限公司

表 2-24　一年期分析师预测准确性评价—最佳表现(2017.05.01—2018.04.30)
行业：可选消费—零售业

分析师姓名	最佳表现排名	跟踪股票数量	所属证券公司
陈柏儒	1	2	民生证券股份有限公司
李梓语	2	2	国泰君安证券股份有限公司
张镭	3	2	中国中投证券有限责任公司
王晴	4	14	海通证券股份有限公司
李锦	5	5	长江证券股份有限公司
郭海燕	6	12	中国国际金融股份有限公司
唐佳睿	7	27	光大证券股份有限公司
鄢鹏	8	1	中信证券股份有限公司
周羽	9	11	中信证券股份有限公司
许世刚	10	7	华泰证券股份有限公司
倪华	11	5	方正证券股份有限公司
黄付生	12	11	太平洋证券股份有限公司
王念春	13	5	国信证券股份有限公司

（续表）

分析师姓名	最佳表现排名	跟踪股票数量	所属证券公司
高 驰	14	2	中国中投证券有限责任公司
焦 娟	15	2	安信证券股份有限公司
蔡小为	16	8	太平洋证券股份有限公司
陈 亮	17	5	长江证券股份有限公司
樊俊豪	18	12	中国国际金融股份有限公司
穆方舟	19	1	国泰君安证券股份有限公司
刘章明	20	13	天风证券股份有限公司
徐晓芳	21	9	中信证券股份有限公司
马 军	22	1	方正证券股份有限公司
唐思思	23	3	中信证券股份有限公司
钱 建	24	3	国联证券股份有限公司
李 强	25	9	东北证券股份有限公司
江迎若	26	1	东海证券股份有限公司
陈文倩	27	6	新时代证券股份有限公司
刘亚舟	28	3	长江证券股份有限公司
訾 猛	29	15	国泰君安证券股份有限公司
洪 涛	30	13	广发证券股份有限公司

在 2017 年 5 月 1 日至 2018 年 4 月 30 日这一年的期间内，跟踪可选消费—零售业行业并作出针对 2017 年每股收益预测的分析师有 161 名。由表 2-23、表 2-24 可以看出，从平均预测准确性角度来看，排名靠前的分析师大多在行业内跟踪公司较少。排在前五名的分析师分别是：中信证券股份有限公司的鄢鹏、国泰君安证券股份有限公司的穆方舟、方正证券股份有限公司的马军、东海证券股份有限公司的江迎若和安信证券股份有限公司的焦娟。从最佳预测准确性角度来看，排名靠前的分析师大多跟踪了不止一家可选消费—零售业行业内的公司。排在前五名的分析师分别是：民生证券股份有限公司的陈柏儒、国泰君安证券股份有限公司的李梓语、中国中投证券有限责任公司的张镭、海通证券股份有限公司的王晴和长江证券股份有限公司的李锦。

表 2-25 一年期分析师预测准确性评价—平均表现(2017.05.01—2018.04.30)

行业:工业—交通运输

分析师姓名	平均表现排名	跟踪股票数量	所属证券公司
陈 慎	1	1	中信建投证券股份有限公司
施红梅	2	1	东方证券股份有限公司
袁煜明	3	1	兴业证券股份有限公司
杨 荣	4	1	中信建投证券股份有限公司
李 超	5	1	中国中投证券有限责任公司
程 杲	6	1	中信建投证券股份有限公司
谢建斌	7	1	上海申银万国证券研究所有限公司
冯 胜	8	1	国海证券股份有限公司
雷 霁	9	1	兴业证券股份有限公司
徐 伟	10	1	中信建投证券股份有限公司
徐睿潇	11	1	上海申银万国证券研究所有限公司
陈金海	12	1	国泰君安证券股份有限公司
李 伟	13	1	中泰证券股份有限公司
张译从	14	1	平安证券股份有限公司
杜 冲	15	2	国泰君安证券股份有限公司
郑 武	16	10	国泰君安证券股份有限公司
刘志成	17	3	中银国际证券有限责任公司
徐 昊	18	1	东兴证券股份有限公司
周 泰	19	1	安信证券股份有限公司
程 成	20	1	国信证券股份有限公司
岳 鑫	21	7	国泰君安证券股份有限公司
游道柱	22	2	上海申银万国证券研究所有限公司
章 晶	23	2	辉立证券集团
王国勋	24	1	西南证券股份有限公司
贺燕青	25	1	方正证券股份有限公司
黎 焜	26	1	平安证券股份有限公司

（续表）

分析师姓名	平均表现排名	跟踪股票数量	所属证券公司
刘　阳	27	1	华创证券有限责任公司
张忆东	28	1	兴业证券股份有限公司
韩轶超	29	9	长江证券股份有限公司
皇甫晓晗	30	4	国泰君安证券股份有限公司

表 2-26　一年期分析师预测准确性评价—最佳表现（2017.05.01—2018.04.30）
行业：工业—交通运输

分析师姓名	最佳表现排名	跟踪股票数量	所属证券公司
姜　明	1	30	天风证券股份有限公司
商　田	2	6	广发证券股份有限公司
郑　武	3	10	国泰君安证券股份有限公司
陈　慎	4	1	中信建投证券股份有限公司
龚　里	5	30	兴业证券股份有限公司
刘　正	6	22	中信证券股份有限公司
章　晶	7	2	辉立证券集团
沈晓峰	8	26	华泰证券股份有限公司
瞿永忠	9	31	东北证券股份有限公司
吴一凡	10	29	华创证券有限责任公司
匡培钦	11	26	上海申银万国证券研究所有限公司
明　兴	12	10	东北证券股份有限公司
吴彦丰	13	15	中信证券股份有限公司
苏宝亮	14	28	国金证券股份有限公司
程志峰	15	3	太平洋证券股份有限公司
王凤华	16	4	联讯证券股份有限公司
常　涛	17	28	招商证券股份有限公司
岳　鑫	18	7	国泰君安证券股份有限公司
施红梅	19	1	东方证券股份有限公司
焦　俊	20	16	中泰证券股份有限公司

（续表）

分析师姓名	最佳表现排名	跟踪股票数量	所属证券公司
袁煜明	21	1	兴业证券股份有限公司
张晓云	22	13	兴业证券股份有限公司
胡光怿	23	27	安信证券股份有限公司
杨　鑫	24	27	中国国际金融股份有限公司
曹奕丰	25	17	广发证券股份有限公司
杨　荣	26	1	中信建投证券股份有限公司
程锦文	27	10	中信证券股份有限公司
李　超	28	1	中国中投证券有限责任公司
程　杲	29	1	中信建投证券股份有限公司
谢建斌	30	1	上海申银万国证券研究所有限公司

在 2017 年 5 月 1 日至 2018 年 4 月 30 日这一年的期间内,跟踪工业—交通运输行业并作出针对 2017 年每股收益预测的分析师有 117 名。由表 2-25、表 2-26 可以看出,从平均预测准确性角度来看,排名靠前的分析师大多在行业内跟踪公司较少。排在前五名的分析师分别是:中信建投证券股份有限公司的陈慎、东方证券股份有限公司的施红梅、兴业证券股份有限公司的袁煜明、中信建投证券股份有限公司的杨荣和中国中投证券有限责任公司的李超。从最佳预测准确性角度来看,排名靠前的分析师大多跟踪了不止一家工业—交通运输行业内的公司。排在前五名的分析师分别是:天风证券股份有限公司的姜明、广发证券股份有限公司的商田、国泰君安证券股份有限公司的郑武、中信建投证券股份有限公司的陈慎和兴业证券股份有限公司的龚里。

表 2-27　一年期分析师预测准确性评价—平均表现(2017.05.01—2018.04.30)
行业:工业—商业服务与用品

分析师姓名	平均表现排名	跟踪股票数量	所属证券公司
郭海燕	1	1	中国国际金融股份有限公司
杨志威	2	1	中银国际证券有限责任公司
巨国贤	3	1	广发证券股份有限公司
鞠兴海	4	1	中泰证券股份有限公司
张　芳	5	1	中信建投证券股份有限公司

分析师姓名	平均表现排名	跟踪股票数量	所属证券公司
张仲杰	6	1	华金证券股份有限公司
赵综艺	7	1	中银国际证券有限责任公司
康雅雯	8	1	中泰证券股份有限公司
李俊松	9	1	中信建投证券股份有限公司
唐宋媛	10	1	上海申银万国证券研究所有限公司
田杰华	11	1	新时代证券股份有限公司
谢鸿鹤	12	1	中泰证券股份有限公司
耿艳艳	13	1	国泰君安证券股份有限公司
陈天蛟	14	1	光大证券股份有限公司
陈文倩	15	1	新时代证券股份有限公司
黄付生	16	1	太平洋证券股份有限公司
刘晓宁	17	1	上海申银万国证券研究所有限公司
李璇	18	1	中国国际金融股份有限公司
刘磊	19	1	海通证券股份有限公司
瞿永忠	20	1	东北证券股份有限公司
龚里	21	1	兴业证券股份有限公司
宋易潞	22	1	中泰证券股份有限公司
周文波	23	3	安信证券股份有限公司
刘凯	24	1	光大证券股份有限公司
杨坤河	25	1	太平洋证券股份有限公司
范欣悦	26	1	中泰证券股份有限公司
曹令	27	1	华创证券有限责任公司
祖国鹏	28	1	中信证券股份有限公司
王璐	29	1	上海申银万国证券研究所有限公司
唐思思	30	1	中信证券股份有限公司

表2-28　一年期分析师预测准确性评价—最佳表现(2017.05.01—2018.04.30)
行业：工业—商业服务与用品

分析师姓名	最佳表现排名	跟踪股票数量	所属证券公司
龙　靓	1	2	财富证券有限责任公司
郭海燕	2	1	中国国际金融股份有限公司
杨志威	3	1	中银国际证券有限责任公司
刘立喜	4	6	东北证券股份有限公司
李宏鹏	5	4	招商证券股份有限公司
焦　娟	6	2	安信证券股份有限公司
巨国贤	7	1	广发证券股份有限公司
鞠兴海	8	1	中泰证券股份有限公司
谭　倩	9	2	国海证券股份有限公司
张　芳	10	1	中信建投证券股份有限公司
张仲杰	11	1	华金证券股份有限公司
樊俊豪	12	4	中国国际金融股份有限公司
马　科	13	2	民生证券股份有限公司
赵综艺	14	1	中银国际证券有限责任公司
康雅雯	15	1	中泰证券股份有限公司
申　浩	16	3	东北证券股份有限公司
訾　猛	17	3	国泰君安证券股份有限公司
李俊松	18	1	中信建投证券股份有限公司
郑　恺	19	4	招商证券股份有限公司
唐　笑	20	4	天风证券股份有限公司
唐宋媛	21	1	上海申银万国证券研究所有限公司
周文波	22	3	安信证券股份有限公司
李　杨	23	3	上海申银万国证券研究所有限公司
田杰华	24	1	新时代证券股份有限公司
谢鸿鹤	25	1	中泰证券股份有限公司
王中骁	26	2	安信证券股份有限公司

（续表）

分析师姓名	最佳表现排名	跟踪股票数量	所属证券公司
耿艳艳	27	1	国泰君安证券股份有限公司
陈天蛟	28	1	光大证券股份有限公司
陈文倩	29	1	新时代证券股份有限公司
姜娅	30	3	中信证券股份有限公司

在 2017 年 5 月 1 日至 2018 年 4 月 30 日这一年的期间内,跟踪工业—商业服务与用品行业并作出针对 2017 年每股收益预测的分析师有 265 名。由表 2-27、表 2-28 可以看出,从平均预测准确性角度来看,排名靠前的分析师大多在行业内跟踪公司较少。排在前五名的分析师分别是:中国国际金融股份有限公司的郭海燕、中银国际证券有限责任公司的杨志威、广发证券股份有限公司的巨国贤、中泰证券股份有限公司的鞠兴海和中信建投证券股份有限公司的张芳。从最佳预测准确性角度来看,排在前五名的分析师分别是:财富证券有限责任公司的龙靓、中国国际金融股份有限公司的郭海燕、中银国际证券有限责任公司的杨志威、东北证券股份有限公司的刘立喜和招商证券股份有限公司的李宏鹏。

表 2-29　一年期分析师预测准确性评价—平均表现(2017.05.01—2018.04.30)
行业:工业—资本品 1(含工业集团企业、建筑与工程、建筑产品)

分析师姓名	平均表现排名	跟踪股票数量	所属证券公司
甄峰	1	1	长城证券股份有限公司
张红兵	2	1	山西证券股份有限公司
肖明亮	3	1	广州广证恒生证券投资咨询有限公司
徐笔龙	4	1	广发证券股份有限公司
钟帅	5	1	天风证券股份有限公司
王凤华	6	1	联讯证券股份有限公司
谢璐	7	1	广发证券股份有限公司
叶锟	8	1	广州广证恒生证券投资咨询有限公司
刘义	9	1	招商证券股份有限公司
房青	10	1	海通证券股份有限公司
王祎佳	11	1	中信建投证券股份有限公司
王强	12	1	招商证券股份有限公司

分析师姓名	平均表现排名	跟踪股票数量	所属证券公司
邱懿峰	13	1	新时代证券股份有限公司
朱纯阳	14	2	招商证券股份有限公司
范　超	15	1	长江证券股份有限公司
邵晶鑫	16	1	中泰证券股份有限公司
何文雯	17	1	天风证券股份有限公司
詹奥博	18	1	中国国际金融股份有限公司
孙明新	19	1	长江证券股份有限公司
刘　曦	20	1	华泰证券股份有限公司
张　晨	21	2	招商证券股份有限公司
王华君	22	1	中泰证券股份有限公司
赵　可	23	1	招商证券股份有限公司
王颖婷	24	1	西南证券股份有限公司
于　特	25	1	方正证券股份有限公司
胡正洋	26	1	广发证券股份有限公司
张璐芳	27	1	天风证券股份有限公司
刘　军	28	1	招商证券股份有限公司
冯晨阳	29	2	海通证券股份有限公司
李跃博	30	3	兴业证券股份有限公司

表 2-30　一年期分析师预测准确性评价—最佳表现(2017.05.01—2018.04.30)

行业：工业—资本品1(含工业集团企业、建筑与工程、建筑产品)

分析师姓名	最佳表现排名	跟踪股票数量	所属证券公司
夏　天	1	23	国盛证券有限责任公司
杜市伟	2	20	海通证券股份有限公司
王小勇	3	23	新时代证券股份有限公司
甄　峰	4	1	长城证券股份有限公司
邹　戈	5	2	广发证券股份有限公司
黄道立	6	17	国信证券股份有限公司

（续表）

分析师姓名	最佳表现排名	跟踪股票数量	所属证券公司
程龙戈	7	12	国盛证券有限责任公司
黄 颖	8	12	上海申银万国证券研究所有限公司
李 杨	9	21	上海申银万国证券研究所有限公司
陈浩武	10	15	光大证券股份有限公司
张红兵	11	1	山西证券股份有限公司
唐 笑	12	49	天风证券股份有限公司
毕春晖	13	10	长江证券股份有限公司
罗 鼎	14	16	中信证券股份有限公司
韩其成	15	25	国泰君安证券股份有限公司
王 斌	16	19	新时代证券股份有限公司
苏多永	17	40	安信证券股份有限公司
龙 靓	18	4	财富证券有限责任公司
肖明亮	19	1	广州广证恒生证券投资咨询有限公司
鲍荣富	20	30	华泰证券股份有限公司
张 龙	21	12	安信证券股份有限公司
何亚轩	22	11	中泰证券股份有限公司
赵军胜	23	4	东兴证券股份有限公司
徐笔龙	24	1	广发证券股份有限公司
刘立喜	25	28	东北证券股份有限公司
吴慧敏	26	21	中国国际金融股份有限公司
孔令鑫	27	18	中国国际金融股份有限公司
杨 涛	28	4	国盛证券有限责任公司
徐 曼	29	4	华金证券股份有限公司
李峙屹	30	20	上海申银万国证券研究所有限公司

在 2017 年 5 月 1 日至 2018 年 4 月 30 日这一年的期间内，跟踪工业—资本品1(含工业集团企业、建筑与工程、建筑产品)行业并作出针对 2017 年每股收益预测的分析师有 216 名。由表 2-29、表 2-30 可以看出，从平均预测准确性角度来看，

排名靠前的分析师大多在行业内跟踪公司较少。排在前五名的分析师分别是：长城证券股份有限公司的甄峰、山西证券股份有限公司的张红兵、广州广证恒生证券投资咨询有限公司的肖明亮、广发证券股份有限公司的徐笔龙和天风证券股份有限公司的钟帅。从最佳预测准确性角度来看，排名靠前的分析师大多跟踪了不止一家工业—资本品1(含工业集团企业、建筑与工程、建筑产品)行业内的公司。排在前五名的分析师分别是：国盛证券有限责任公司的夏天、海通证券股份有限公司的杜市伟、新时代证券股份有限公司的王小勇、长城证券股份有限公司的甄峰和广发证券股份有限公司的邹戈。

表2-31　一年期分析师预测准确性评价—平均表现(2017.05.01—2018.04.30)

行业：工业—资本品2(机械制造)

分析师姓名	平均表现排名	跟踪股票数量	所属证券公司
苏宝亮	1	1	国金证券股份有限公司
马　科	2	1	民生证券股份有限公司
吴行健	3	1	国信证券股份有限公司
徐若旭	4	1	上海申银万国证券研究所有限公司
杨　鑫	5	1	中国国际金融股份有限公司
陈　梦	6	1	民生证券股份有限公司
顾敏豪	7	1	中原证券股份有限公司
方　睿	8	1	国泰君安证券股份有限公司
高　嵩	9	2	中信证券股份有限公司
张紫薇	10	1	网信证券有限责任公司
孙浩然	11	1	东兴证券股份有限公司
王德安	12	1	平安证券有限责任公司
刘志成	13	1	中银国际证券有限责任公司
王　茜	14	1	天风证券股份有限公司
王　璐	15	2	上海申银万国证券研究所有限公司
余　兵	16	2	平安证券有限责任公司
马晓天	17	1	上海申银万国证券研究所有限公司
张立聪	18	1	安信证券股份有限公司
杨献宇	19	1	平安证券有限责任公司

（续表）

分析师姓名	平均表现排名	跟踪股票数量	所属证券公司
董宜安	20	2	上海申银万国证券研究所有限公司
开文明	21	2	新时代证券股份有限公司
胡光怿	22	1	安信证券股份有限公司
胡正洋	23	2	广发证券股份有限公司
姚 健	24	1	中信建投证券股份有限公司
石 康	25	3	兴业证券股份有限公司
张 滔	26	1	上海申银万国证券研究所有限公司
张荫先	27	1	西南证券股份有限公司
高宏博	28	1	华泰证券股份有限公司
王祎佳	29	2	中信建投证券股份有限公司
蔡益润	30	1	广发证券股份有限公司

表 2-32　一年期分析师预测准确性评价—最佳表现（2017.05.01—2018.04.30）
行业：工业—资本品 2（机械制造）

分析师姓名	最佳表现排名	跟踪股票数量	所属证券公司
满在朋	1	36	兴业证券股份有限公司
陈显帆	2	30	东吴证券股份有限公司
佘炜超	3	23	海通证券股份有限公司
邵 锐	4	17	上海证券有限责任公司
张书铭	5	5	东方证券股份有限公司
王冠桥	6	2	兴业证券股份有限公司
朱元骏	7	14	天风证券股份有限公司
王华君	8	27	中泰证券股份有限公司
苏宝亮	9	1	国金证券股份有限公司
张仲杰	10	31	华金证券股份有限公司
季国峰	11	12	国信证券股份有限公司
李 佳	12	44	华创证券有限责任公司
李倩倩	13	16	安信证券股份有限公司

（续表）

分析师姓名	最佳表现排名	跟踪股票数量	所属证券公司
马　松	14	20	国联证券股份有限公司
刘伟浩	15	2	广州广证恒生证券投资咨询有限公司
王永辉	16	7	方正证券股份有限公司
刘国清	17	35	太平洋证券股份有限公司
张润毅	18	2	国泰君安证券股份有限公司
刘　军	19	45	东北证券股份有限公司
刘　荣	20	49	招商证券股份有限公司
张一弛	21	7	海通证券股份有限公司
谭　倩	22	9	国海证券股份有限公司
黄　琨	23	22	国泰君安证券股份有限公司
成尚汶	24	53	兴业证券股份有限公司
邹润芳	25	37	天风证券股份有限公司
王凤华	26	24	联讯证券股份有限公司
曲小溪	27	20	长城证券股份有限公司
冯　胜	28	32	国海证券股份有限公司
郑闵钢	29	24	东兴证券股份有限公司
杨若木	30	5	东兴证券股份有限公司

　　在 2017 年 5 月 1 日至 2018 年 4 月 30 日这一年的期间内,跟踪工业—资本品 2(机械制造)行业并作出针对 2017 年每股收益预测的分析师有 421 名。由表 2-31、表 2-32 可以看出,从平均预测准确性角度来看,排名靠前的分析师大多在行业内跟踪公司较少。排在前五名的分析师分别是:国金证券股份有限公司的苏宝亮、民生证券股份有限公司的马科、国信证券股份有限公司的吴行健、上海申银万国证券研究所有限公司的徐若旭和中国国际金融股份有限公司的杨鑫。从最佳预测准确性角度来看,排名靠前的分析师大多跟踪了不止一家工业—资本品 2(机械制造)行业内的公司。排在前五名的分析师分别是:兴业证券股份有限公司的满在朋、东吴证券股份有限公司的陈显帆、海通证券股份有限公司的佘炜超、上海证券有限责任公司的邵锐和东方证券股份有限公司的张书铭。

表 2-33 一年期分析师预测准确性评价—平均表现(2017.05.01—2018.04.30)
行业：工业—资本品 3(环保设备、工程与服务)

分析师姓名	平均表现排名	跟踪股票数量	所属证券公司
龚斯闻	1	1	东北证券股份有限公司
马 太	2	1	长江证券股份有限公司
刘立喜	3	1	东北证券股份有限公司
孙春旭	4	1	东北证券股份有限公司
唐卓菁	5	1	中国国际金融股份有限公司
梁希民	6	1	世纪证券有限责任公司
申 浩	7	1	东北证券股份有限公司
宫模恒	8	1	华安证券股份有限公司
杨 超	9	1	长城证券股份有限公司
陈航杰	10	1	东北证券股份有限公司
马晓明	11	1	长城证券股份有限公司
孔令鑫	12	1	中国国际金融股份有限公司
邵晶鑫	13	1	中泰证券股份有限公司
刘 威	14	1	海通证券股份有限公司
夏 天	15	1	中泰证券股份有限公司
张立聪	16	1	安信证券股份有限公司
裘孝锋	17	1	光大证券股份有限公司
唐 笑	18	1	天风证券股份有限公司
杨明辉	19	1	光大证券股份有限公司
黄 斌	20	1	华泰证券股份有限公司
黄 琨	21	1	国泰君安证券股份有限公司
宋 磊	22	2	光大证券股份有限公司
陈冠雄	23	1	光大证券股份有限公司
岳恒宇	24	1	天风证券股份有限公司
吕 娟	25	2	方正证券股份有限公司
刘晓宁	26	11	上海申银万国证券研究所有限公司

（续表）

分析师姓名	平均表现排名	跟踪股票数量	所属证券公司
吴慧敏	27	3	中国国际金融股份有限公司
杨　伟	28	1	太平洋证券股份有限公司
牛播坤	29	1	华创证券有限责任公司
庞文亮	30	5	平安证券股份有限公司

表 2-34　一年期分析师预测准确性评价—最佳表现（2017.05.01—2018.04.30）
行业：工业—资本品3（环保设备、工程与服务）

分析师姓名	最佳表现排名	跟踪股票数量	所属证券公司
龚斯闻	1	1	东北证券股份有限公司
王玮嘉	2	18	华泰证券股份有限公司
刘晓宁	3	11	上海申银万国证券研究所有限公司
凌润东	4	3	中信证券股份有限公司
张一弛	5	14	海通证券股份有限公司
马　太	6	1	长江证券股份有限公司
汪　洋	7	24	兴业证券股份有限公司
盛　旭	8	7	中泰证券股份有限公司
焦　俊	9	3	中泰证券股份有限公司
范海波	10	7	信达证券股份有限公司
刘立喜	11	1	东北证券股份有限公司
皮　秀	12	6	平安证券股份有限公司
刘　军	13	21	东北证券股份有限公司
郑丹丹	14	2	浙商证券股份有限公司
孙春旭	15	1	东北证券股份有限公司
张雪蓉	16	3	华泰证券股份有限公司
王　璐	17	11	上海申银万国证券研究所有限公司
吴慧敏	18	3	中国国际金融股份有限公司
吕　娟	19	2	方正证券股份有限公司
张　磊	20	11	海通证券股份有限公司

（续表）

分析师姓名	最佳表现排名	跟踪股票数量	所属证券公司
唐卓菁	21	1	中国国际金融股份有限公司
陈青青	22	16	国信证券股份有限公司
孟维维	23	24	兴业证券股份有限公司
朱纯阳	24	14	招商证券股份有限公司
洪 一	25	7	东兴证券股份有限公司
梁希民	26	1	世纪证券有限责任公司
华 巍	27	7	群益证券(香港)有限公司
董宜安	28	11	上海申银万国证券研究所有限公司
雒 文	29	9	中国国际金融股份有限公司
牟国洪	30	8	中原证券股份有限公司

在 2017 年 5 月 1 日至 2018 年 4 月 30 日这一年的期间内,跟踪工业—资本品 3(环保设备、工程与服务)行业并作出针对 2017 年每股收益预测的分析师有 200 名。由表 2-33、表 2-34 可以看出,从平均预测准确性角度来看,排名靠前的分析师大多在行业内跟踪公司较少。排在前五名的分析师分别是：东北证券股份有限公司的龚斯闻、长江证券股份有限公司的马太、东北证券股份有限公司的刘立喜、东北证券股份有限公司的孙春旭和中国国际金融股份有限公司的唐卓菁。从最佳预测准确性角度来看,排名靠前的分析师大多跟踪了不止一家工业—资本品 3(环保设备、工程与服务)行业内的公司。排在前五名的分析师分别是：东北证券股份有限公司的龚斯闻、华泰证券股份有限公司的王玮嘉、上海申银万国证券研究所有限公司的刘晓宁、中信证券股份有限公司的凌润东和海通证券股份有限公司的张一弛。

表 2-35 一年期分析师预测准确性评价—平均表现(2017.05.01—2018.04.30)
行业：工业—资本品 4(电气设备)

分析师姓名	平均表现排名	跟踪股票数量	所属证券公司
章 诚	1	1	华泰证券股份有限公司
王凤华	2	1	联讯证券股份有限公司
肖群稀	3	1	华泰证券股份有限公司
陆 洲	4	1	东兴证券股份有限公司

（续表）

分析师姓名	平均表现排名	跟踪股票数量	所属证券公司
陈 萌	5	1	中信建投证券股份有限公司
陈俊杰	6	1	上海申银万国证券研究所有限公司
王奕超	7	1	群益证券（香港）有限公司
王绪丽	8	1	中国银河证券股份有限公司
丁 健	9	1	民生证券股份有限公司
耿艳艳	10	1	国泰君安证券股份有限公司
潘 暕	11	2	天风证券股份有限公司
束海峰	12	1	华创证券有限责任公司
孙纯鹏	13	1	国海证券股份有限公司
宋 欢	14	1	上海申银万国证券研究所有限公司
王一川	15	1	民生证券股份有限公司
彭志明	16	1	财富证券有限责任公司
刘海博	17	1	中信证券股份有限公司
佘炜超	18	2	海通证券股份有限公司
雒 文	19	1	中国国际金融股份有限公司
张 晗	20	1	东北证券股份有限公司
何 亮	21	1	华泰证券股份有限公司
高 嵩	22	1	中信证券股份有限公司
张 帅	23	1	国金证券股份有限公司
张 昕	24	2	天风证券股份有限公司
陈 龙	25	1	民生证券股份有限公司
戚政韬	26	1	中国国际金融股份有限公司
左腾飞	27	1	中信证券股份有限公司
陈宇轩	28	1	东北证券股份有限公司
叶中正	29	1	华金证券股份有限公司
李跃博	30	1	兴业证券股份有限公司

表2-36　一年期分析师预测准确性评价—最佳表现(2017.05.01—2018.04.30)

行业：工业—资本品4(电气设备)

分析师姓名	最佳表现排名	跟踪股票数量	所属证券公司
房　青	1	12	海通证券股份有限公司
黄　斌	2	12	华泰证券股份有限公司
章　诚	3	1	华泰证券股份有限公司
杨若木	4	16	东兴证券股份有限公司
沈　成	5	22	中银国际证券股份有限公司
刘晓宁	6	34	上海申银万国证券研究所有限公司
游家训	7	24	招商证券股份有限公司
龚斯闻	8	15	东北证券股份有限公司
王凤华	9	1	联讯证券股份有限公司
曾朵红	10	27	东吴证券股份有限公司
夏春秋	11	19	联讯证券股份有限公司
李佳颖	12	16	西南证券股份有限公司
马宝德	13	11	国联证券股份有限公司
华　巍	14	5	群益证券(香港)有限公司
胡　毅	15	19	华创证券有限责任公司
开文明	16	13	新时代证券股份有限公司
邓永康	17	35	安信证券股份有限公司
王书伟	18	3	安信证券股份有限公司
潘　暕	19	2	天风证券股份有限公司
杨　帅	20	6	海通证券股份有限公司
马　松	21	4	国联证券股份有限公司
张向伟	22	9	海通证券股份有限公司
郑丹丹	23	12	浙商证券股份有限公司
李轶奇	24	9	华泰证券股份有限公司
刘　锐	25	13	光大证券股份有限公司
姚　遥	26	8	国金证券股份有限公司

（续表）

分析师姓名	最佳表现排名	跟踪股票数量	所属证券公司
弓永峰	27	6	中信证券股份有限公司
肖群稀	28	1	华泰证券股份有限公司
陈显帆	29	4	东吴证券股份有限公司
陆洲	30	1	东兴证券股份有限公司

在 2017 年 5 月 1 日至 2018 年 4 月 30 日这一年的期间内,跟踪工业—资本品 4(电气设备)行业并作出针对 2017 年每股收益预测的分析师有 363 名。由表 2-35、表 2-36 可以看出,从平均预测准确性角度来看,排名靠前的分析师大多在行业内跟踪公司较少。排在前五名的分析师分别是:华泰证券股份有限公司的章诚、联讯证券股份有限公司的王凤华、华泰证券股份有限公司的肖群稀、东兴证券股份有限公司的陆洲和中信建投证券股份有限公司的陈萌。从最佳预测准确性角度来看,排名靠前的分析师大多跟踪了不止一家工业—资本品 4(电气设备)行业内的公司。排在前五名的分析师分别是:海通证券股份有限公司的房青、华泰证券股份有限公司的黄斌、华泰证券股份有限公司的章诚、东兴证券股份有限公司的杨若木和中银国际证券有限责任公司的沈成。

表 2-37　一年期分析师预测准确性评价—平均表现(2017.05.01—2018.04.30)

行业:工业—资本品 5(航空航天与国防)

分析师姓名	平均表现排名	跟踪股票数量	所属证券公司
杨泽原	1	1	中信证券股份有限公司
马军	2	1	方正证券股份有限公司
边铁城	3	1	信达证券股份有限公司
何晨	4	1	财富证券有限责任公司
张铖	5	1	长江证券股份有限公司
张梓丁	6	1	中国国际金融股份有限公司
范海波	7	2	信达证券股份有限公司
马浩然	8	2	太平洋证券股份有限公司
吴漪	9	1	信达证券股份有限公司
刘华峰	10	1	国泰君安证券股份有限公司
刘言	11	1	西南证券股份有限公司

（续表）

分析师姓名	平均表现排名	跟踪股票数量	所属证券公司
王 伟	12	1	信达证券股份有限公司
丁士涛	13	2	信达证券股份有限公司
田杰华	14	2	新时代证券股份有限公司
孙金钜	15	1	新时代证券股份有限公司
巨国贤	16	1	广发证券股份有限公司
冯 胜	17	2	国海证券股份有限公司
王天一	18	5	东方证券股份有限公司
陈显帆	19	4	东吴证券股份有限公司
张恒晅	20	5	海通证券股份有限公司
任 浪	21	1	新时代证券股份有限公司
贾乃鑫	22	1	中国国际金融股份有限公司
邹润芳	23	10	天风证券股份有限公司
何 亮	24	1	华泰证券股份有限公司
王宇飞	25	14	中国国际金融股份有限公司
冯福章	26	5	安信证券股份有限公司
笃 慧	27	1	中泰证券股份有限公司
石 康	28	20	兴业证券股份有限公司
傅楚雄	29	7	中国银河证券股份有限公司
王宗超	30	1	华泰证券股份有限公司

表 2-38　一年期分析师预测准确性评价—最佳表现(2017.05.01—2018.04.30)
行业：工业—资本品 5(航空航天与国防)

分析师姓名	最佳表现排名	跟踪股票数量	所属证券公司
韩振国	1	8	方正证券股份有限公司
张仲杰	2	7	华金证券股份有限公司
王宇飞	3	14	中国国际金融股份有限公司
王天一	4	5	东方证券股份有限公司
傅楚雄	5	7	中国银河证券股份有限公司

（续表）

分析师姓名	最佳表现排名	跟踪股票数量	所属证券公司
牛播坤	6	15	华创证券有限责任公司
农冰立	7	3	天风证券股份有限公司
石　康	8	20	兴业证券股份有限公司
赵　晨	9	8	光大证券股份有限公司
刘倩倩	10	14	太平洋证券股份有限公司
高　嵩	11	11	中信证券股份有限公司
冯福章	12	5	安信证券股份有限公司
杨泽原	13	1	中信证券股份有限公司
刘　磊	14	16	海通证券股份有限公司
范海波	15	2	信达证券股份有限公司
黎韬扬	16	16	中信建投证券股份有限公司
李　良	17	7	中国银河证券股份有限公司
霍　甲	18	3	天风证券股份有限公司
吴慧敏	19	12	中国国际金融股份有限公司
邹润芳	20	10	天风证券股份有限公司
蒋　俊	21	16	海通证券股份有限公司
杨　帆	22	8	中泰证券股份有限公司
马　军	23	1	方正证券股份有限公司
陆　洲	24	11	东兴证券股份有限公司
李君海	25	13	国信证券股份有限公司
黄　艳	26	10	兴业证券股份有限公司
胡正洋	27	16	广发证券股份有限公司
边铁城	28	1	信达证券股份有限公司
徐志国	29	21	海通证券股份有限公司
鞠厚林	30	7	中国银河证券股份有限公司

　　在 2017 年 5 月 1 日至 2018 年 4 月 30 日这一年的期间内，跟踪工业—资本品 5（航空航天与国防）行业并作出针对 2017 年每股收益预测的分析师有 117 名。由

表2-37、表2-38可以看出，从平均预测准确性角度来看，排名靠前的分析师大多在行业内跟踪公司较少。排在前五名的分析师分别是：中信证券股份有限公司的杨泽原、方正证券股份有限公司的马军、信达证券股份有限公司的边铁城、财富证券有限责任公司的何晨和长江证券股份有限公司的张铖。从最佳预测准确性角度来看，排名靠前的分析师大多跟踪了不止一家工业—资本品5（航空航天与国防）行业内的公司。排在前五名的分析师分别是：方正证券股份有限公司的韩振国、华金证券股份有限公司的张仲杰、中国国际金融股份有限公司的王宇飞、东方证券股份有限公司的王天一和中国银河证券股份有限公司的傅楚雄。

表2-39　一年期分析师预测准确性评价—平均表现（2017.05.01—2018.04.30）
行业：电信业务—电信业务（含电信服务与通信设备）

分析师姓名	平均表现排名	跟踪股票数量	所属证券公司
汪　洁	1	1	长城证券股份有限公司
安永平	2	1	方正证券股份有限公司
唐　航	3	1	财通证券股份有限公司
王　谋	4	1	上海申银万国证券研究所有限公司
李　欣	5	1	中航证券有限公司
胡　星	6	1	民生证券股份有限公司
张立新	7	1	东吴证券股份有限公司
张一弛	8	1	海通证券股份有限公司
冯　骋	9	1	招商证券股份有限公司
蒋朝庆	10	2	平安证券股份有限公司
梁　爽	11	1	上海申银万国证券研究所有限公司
刘倩倩	12	2	太平洋证券股份有限公司
王茂森	13	1	中航证券有限公司
黄国伟	14	1	长江证券股份有限公司
韩振国	15	1	方正证券股份有限公司
冯福章	16	1	安信证券股份有限公司
高　鹏	17	1	方正证券股份有限公司
周伟佳	18	3	长城证券股份有限公司
骆思远	19	1	上海申银万国证券研究所有限公司

（续表）

分析师姓名	平均表现排名	跟踪股票数量	所属证券公司
邱日尧	20	1	国泰君安证券股份有限公司
王宇飞	21	2	中国国际金融股份有限公司
孙云翔	22	2	东吴证券股份有限公司
余 俊	23	1	招商证券股份有限公司
李亚军	24	2	广州广证恒生证券投资咨询有限公司
张 傲	25	1	安信证券股份有限公司
李 佳	26	1	华创证券有限责任公司
郑泽科	27	7	中信证券股份有限公司
郑闵钢	28	3	东兴证券股份有限公司
李隆海	29	2	东莞证券股份有限公司
谢 恒	30	1	东吴证券股份有限公司

表 2-40 一年期分析师预测准确性评价—最佳表现(2017.05.01—2018.04.30)
行业：电信业务—电信业务(含电信服务与通信设备)

分析师姓名	最佳表现排名	跟踪股票数量	所属证券公司
刘 言	1	17	西南证券股份有限公司
周 炎	2	16	招商证券股份有限公司
马 军	3	12	方正证券股份有限公司
宋嘉吉	4	8	国泰君安证券股份有限公司
蒋朝庆	5	2	平安证券股份有限公司
唐海清	6	22	天风证券股份有限公司
胡嘉铭	7	4	群益证券(香港)有限公司
汪 洁	8	1	长城证券股份有限公司
曹 亮	9	2	国联证券股份有限公司
周 明	10	8	华泰证券股份有限公司
赵 成	11	13	财通证券股份有限公司
束海峰	12	16	华创证券有限责任公司
田明华	13	13	光大证券股份有限公司

（续表）

分析师姓名	最佳表现排名	跟踪股票数量	所属证券公司
王　林	14	16	招商证券股份有限公司
李亚军	15	2	广州广证恒生证券投资咨询有限公司
安永平	16	1	方正证券股份有限公司
田杰华	17	3	新时代证券股份有限公司
徐　力	18	9	东吴证券股份有限公司
朱威宇	19	5	国泰君安证券股份有限公司
刘舜逢	20	2	平安证券股份有限公司
容志能	21	6	天风证券股份有限公司
顾海波	22	8	中信证券股份有限公司
郑泽科	23	7	中信证券股份有限公司
李隆海	24	2	东莞证券股份有限公司
顾敏豪	25	5	中原证券股份有限公司
刘倩倩	26	2	太平洋证券股份有限公司
唐　航	27	1	财通证券股份有限公司
陈宁玉	28	10	中泰证券股份有限公司
于海宁	29	4	长江证券股份有限公司
周伟佳	30	3	长城证券股份有限公司

　　在 2017 年 5 月 1 日至 2018 年 4 月 30 日这一年的期间内，跟踪电信业务—电信业务（含电信服务与通信设备）行业并作出针对 2017 年每股收益预测的分析师有 223 名。由表 2-39、表 2-40 可以看出，从平均预测准确性角度来看，排名靠前的分析师大多在行业内跟踪公司较少。排在前五名的分析师分别是：长城证券股份有限公司的汪洁、方正证券股份有限公司的安永平、财通证券股份有限公司的唐航、上海申银万国证券研究所有限公司的王谋和中航证券有限公司的李欣。从最佳预测准确性角度来看，排名靠前的分析师大多跟踪了不止一家电信业务—电信业务（含电信服务与通信设备）行业内的公司。排在前五名的分析师分别是：西南证券股份有限公司的刘言、招商证券股份有限公司的周炎、方正证券股份有限公司的马军、国泰君安证券股份有限公司的宋嘉吉和平安证券股份有限公司的蒋朝庆。

表 2-41　一年期分析师预测准确性评价—平均表现(2017.05.01—2018.04.30)

行业：能源—能源

分析师姓名	平均表现排名	跟踪股票数量	所属证券公司
刘国清	1	1	太平洋证券股份有限公司
李 舜	2	1	招商证券股份有限公司
柴沁虎	3	1	东吴证券股份有限公司
刘 瑜	4	1	太平洋证券股份有限公司
韦 钰	5	1	国泰君安证券股份有限公司
汪 洋	6	1	兴业证券股份有限公司
严哲铭	7	1	国泰君安证券股份有限公司
刘海博	8	1	中信证券股份有限公司
王念春	9	1	国信证券股份有限公司
陈 彦	10	3	中国国际金融股份有限公司
张仲杰	11	2	华金证券股份有限公司
茹 姗	12	1	新时代证券股份有限公司
陈青青	13	1	国信证券股份有限公司
刘欣琦	14	1	国泰君安证券股份有限公司
董宇博	15	3	中国国际金融股份有限公司
左腾飞	16	1	中信证券股份有限公司
刘宇卓	17	1	东兴证券股份有限公司
刘立喜	18	3	东北证券股份有限公司
武云泽	19	1	国信证券股份有限公司
刘芷君	20	1	广发证券股份有限公司
杨绍辉	21	2	中银国际证券股份有限公司
孙羲昱	22	1	国泰君安证券股份有限公司
王华君	23	3	中泰证券股份有限公司
黄 琨	24	3	国泰君安证券股份有限公司
齐瑞娟	25	3	国泰君安证券股份有限公司
刘兰程	26	3	中国银河证券股份有限公司

(续表)

分析师姓名	平均表现排名	跟踪股票数量	所属证券公司
孟维维	27	1	兴业证券股份有限公司
吴慧敏	28	1	中国国际金融股份有限公司
顾敏豪	29	1	中原证券股份有限公司
安 鹏	30	21	广发证券股份有限公司

表 2-42 一年期分析师预测准确性评价—最佳表现(2017.05.01—2018.04.30)

行业：能源—能源

分析师姓名	最佳表现排名	跟踪股票数量	所属证券公司
刘国清	1	1	太平洋证券股份有限公司
李 舜	2	1	招商证券股份有限公司
衡 昆	3	13	安信证券股份有限公司
关 滨	4	4	中国国际金融股份有限公司
丁一洪	5	3	国泰君安证券股份有限公司
王 强	6	15	招商证券股份有限公司
黄莉莉	7	9	中信证券股份有限公司
罗 健	8	4	群益证券(香港)有限公司
谢建斌	9	7	上海申银万国证券研究所有限公司
顾正阳	10	4	招商证券股份有限公司
赵 辰	11	3	东方证券股份有限公司
周 泰	12	21	安信证券股份有限公司
唐 倩	13	2	中银国际证券有限责任公司
柴沁虎	14	1	东吴证券股份有限公司
刘 瑜	15	1	太平洋证券股份有限公司
安 鹏	16	21	广发证券股份有限公司
黄 琨	17	3	国泰君安证券股份有限公司
刘立喜	18	3	东北证券股份有限公司
张仲杰	19	2	华金证券股份有限公司
邓 勇	20	10	海通证券股份有限公司

（续表）

分析师姓名	最佳表现排名	跟踪股票数量	所属证券公司
商艾华	21	5	西南证券股份有限公司
陈彦	22	3	中国国际金融股份有限公司
李俊松	23	15	中信建投证券股份有限公司
唐宗辰	24	8	光大证券股份有限公司
王亮	25	12	招商证券股份有限公司
张樨樨	26	11	天风证券股份有限公司
徐睿潇	27	5	上海申银万国证券研究所有限公司
罗立波	28	3	广发证券股份有限公司
沈晓源	29	2	东吴证券股份有限公司
李晓辉	30	6	民生证券股份有限公司

在2017年5月1日至2018年4月30日这一年的期间内,跟踪能源—能源行业并作出针对2017年每股收益预测的分析师有174名。由表2-41、表2-42可以看出,从平均预测准确性角度来看,排名靠前的分析师大多在行业内跟踪公司较少。排在前五名的分析师分别是:太平洋证券股份有限公司的刘国清、招商证券股份有限公司的李舜、东吴证券股份有限公司的柴沁虎、太平洋证券股份有限公司的刘瑜和国泰君安证券股份有限公司的韦钰。从最佳预测准确性角度来看,排在前五名的分析师分别是:太平洋证券股份有限公司的刘国清、招商证券股份有限公司的李舜、安信证券股份有限公司的衡昆、中国国际金融股份有限公司的关滨和国泰君安证券股份有限公司的丁一洪。

表 2-43　一年期分析师预测准确性评价—平均表现(2017.05.01—2018.04.30)
行业:金融地产—银行

分析师姓名	平均表现排名	跟踪股票数量	所属证券公司
周晶晶	1	1	长江证券股份有限公司
关竹	2	1	信达证券股份有限公司
倪军	3	1	广发证券股份有限公司
戴志锋	4	20	中泰证券股份有限公司
郑庆明	5	11	上海申银万国证券研究所有限公司
谢云霞	6	10	上海申银万国证券研究所有限公司

（续表）

分析师姓名	平均表现排名	跟踪股票数量	所属证券公司
唐伟城	7	1	北京高华证券有限责任公司
马鲲鹏	8	12	招商证券股份有限公司
李 晨	9	1	上海申银万国证券研究所有限公司
王 刚	10	1	华金证券股份有限公司
廖晨凯	11	5	群益证券(香港)有限公司
孙立金	12	6	太平洋证券股份有限公司
王小军	13	2	信达证券股份有限公司
冉宇航	14	12	中信证券股份有限公司
王 胜	15	10	上海申银万国证券研究所有限公司
刘志平	16	20	平安证券股份有限公司
廖志明	17	11	天风证券股份有限公司
万 丽	18	2	交银国际证券有限公司
林瑾璐	19	11	天风证券股份有限公司
王 剑	20	6	国泰君安证券股份有限公司
李珊珊	21	2	交银国际证券有限公司
肖斐斐	22	12	中信证券股份有限公司
李 锋	23	10	民生证券股份有限公司
邱冠华	24	6	国泰君安证券股份有限公司
屈 俊	25	10	广发证券股份有限公司
董春晓	26	5	太平洋证券股份有限公司
缴文超	27	11	平安证券有限责任公司
沈 娟	28	15	华泰证券股份有限公司
蒲东君	29	1	长江证券股份有限公司
毛可君	30	14	上海申银万国证券研究所有限公司

表 2-44 一年期分析师预测准确性评价—最佳表现(2017.05.01—2018.04.30)
行业：金融地产—银行

分析师姓名	最佳表现排名	跟踪股票数量	所属证券公司
高 建	1	14	东北证券股份有限公司
马鲲鹏	2	12	招商证券股份有限公司
缴文超	3	11	平安证券有限责任公司
沈 娟	4	15	华泰证券股份有限公司
林嫒嫒	5	7	海通证券股份有限公司
王 弓	6	6	民生证券股份有限公司
戴志锋	7	20	中泰证券股份有限公司
冉宇航	8	12	中信证券股份有限公司
刘志平	9	20	平安证券股份有限公司
郑庆明	10	11	上海申银万国证券研究所有限公司
胡文豪	11	14	东北证券股份有限公司
吴 畏	12	22	兴业证券股份有限公司
林颖颖	13	17	平安证券有限责任公司
励雅敏	14	18	中银国际证券股份有限公司
肖斐斐	15	12	中信证券股份有限公司
王 胜	16	10	上海申银万国证券研究所有限公司
张帅帅	17	12	中国国际金融股份有限公司
廖志明	18	11	天风证券股份有限公司
万 丽	19	2	交银国际证券有限公司
孙立金	20	6	太平洋证券股份有限公司
王 剑	21	6	国泰君安证券股份有限公司
谢云霞	22	10	上海申银万国证券研究所有限公司
王小军	23	2	信达证券股份有限公司
傅慧芳	24	14	兴业证券股份有限公司
李珊珊	25	2	交银国际证券有限公司
周晶晶	26	1	长江证券股份有限公司

（续表）

分析师姓名	最佳表现排名	跟踪股票数量	所属证券公司
廖晨凯	27	5	群益证券（香港）有限公司
林瑾璐	28	11	天风证券股份有限公司
王瑶平	29	6	中国国际金融股份有限公司
沐 华	30	7	广发证券股份有限公司

在 2017 年 5 月 1 日至 2018 年 4 月 30 日这一年的期间内，跟踪金融地产—银行行业并作出针对 2017 年每股收益预测的分析师有 62 名。由表 2-43、表 2-44 可以看出，从平均预测准确性角度来看，排名靠前的分析师大多在行业内跟踪公司较少。排在前五名的分析师分别是：长江证券股份有限公司的周晶晶、信达证券股份有限公司的关竹、广发证券股份有限公司的倪军、中泰证券股份有限公司的戴志锋和上海申银万国证券研究所有限公司的郑庆明。从最佳预测准确性角度来看，排名靠前的分析师大多跟踪了不止一家金融地产—银行行业内的公司。排在前五名的分析师分别是：东北证券股份有限公司的高建、招商证券股份有限公司的马鲲鹏、平安证券股份有限公司的缴文超、华泰证券股份有限公司的沈娟和海通证券股份有限公司的林媛媛。

表 2-45 　一年期分析师预测准确性评价—平均表现（2017.05.01—2018.04.30）
行业：金融地产—非银金融（含保险、资本市场、其他金融）

分析师姓名	平均表现排名	跟踪股票数量	所属证券公司
周晶晶	1	1	长江证券股份有限公司
李 勇	2	2	东北证券股份有限公司
蒲东君	3	1	长江证券股份有限公司
蒲 寒	4	1	中国国际金融股份有限公司
王瑶平	5	4	中国国际金融股份有限公司
王 超	6	1	招商证券股份有限公司
蒋 峤	7	3	中泰证券股份有限公司
孙 婷	8	20	海通证券股份有限公司
文京雄	9	4	广发证券股份有限公司
葛玉翔	10	16	东北证券股份有限公司
戴志锋	11	3	中泰证券股份有限公司

（续表）

分析师姓名	平均表现排名	跟踪股票数量	所属证券公司
王小军	12	4	信达证券股份有限公司
何 婷	13	15	海通证券股份有限公司
刘文强	14	6	长城证券股份有限公司
汪双秀	15	8	华安证券股份有限公司
唐子佩	16	7	东方证券股份有限公司
王丛云	17	12	上海申银万国证券研究所有限公司
杨莞茜	18	3	财富证券有限责任公司
刘 丽	19	10	山西证券股份有限公司
关 竹	20	1	信达证券股份有限公司
洪锦屏	21	27	华创证券有限责任公司
张 潇	22	7	东方证券股份有限公司
华天行	23	3	上海申银万国证券研究所有限公司
陆韵婷	24	4	天风证券股份有限公司
陈 福	25	21	广发证券股份有限公司
沈 娟	26	24	华泰证券股份有限公司
田 眈	27	4	中国国际金融股份有限公司
曾梦雅	28	8	中国国际金融股份有限公司
赵湘怀	29	37	安信证券股份有限公司
傅慧芳	30	6	兴业证券股份有限公司

表 2-46   一年期分析师预测准确性评价—最佳表现(2017.05.01—2018.04.30)
行业：金融地产—非银金融(含保险、资本市场、其他金融)

分析师姓名	最佳表现排名	跟踪股票数量	所属证券公司
王瑶平	1	4	中国国际金融股份有限公司
赵莎莎	2	12	中信建投证券股份有限公司
刘 丽	3	10	山西证券股份有限公司
王 胜	4	4	上海申银万国证券研究所有限公司
汪双秀	5	8	华安证券股份有限公司

（续表）

分析师姓名	最佳表现排名	跟踪股票数量	所属证券公司
孙 婷	6	20	海通证券股份有限公司
高 建	7	4	东北证券股份有限公司
耿艳艳	8	9	国泰君安证券股份有限公司
戴志锋	9	3	中泰证券股份有限公司
沈 娟	10	24	华泰证券股份有限公司
彭著华	11	10	东莞证券股份有限公司
赵浩然	12	8	长城证券股份有限公司
赵湘怀	13	37	安信证券股份有限公司
陈 福	14	21	广发证券股份有限公司
葛玉翔	15	16	东北证券股份有限公司
洪锦屏	16	27	华创证券有限责任公司
田 眈	17	4	中国国际金融股份有限公司
郑积沙	18	22	招商证券股份有限公司
王 茜	19	10	天风证券股份有限公司
马鲲鹏	20	16	招商证券股份有限公司
吴 畏	21	11	兴业证券股份有限公司
周晶晶	22	1	长江证券股份有限公司
何 婷	23	15	海通证券股份有限公司
刘文强	24	6	长城证券股份有限公司
张经纬	25	15	东北证券股份有限公司
王立备	26	12	招商证券股份有限公司
贺明之	27	28	安信证券股份有限公司
李 勇	28	2	东北证券股份有限公司
蒲东君	29	1	长江证券股份有限公司
傅慧芳	30	6	兴业证券股份有限公司

在 2017 年 5 月 1 日至 2018 年 4 月 30 日这一年的期间内,跟踪金融地产——非银金融(含保险、资本市场、其他金融)行业并作出针对 2017 年每股收益预测的分

析师有 97 名。由表 2-45、表 2-46 可以看出,从平均预测准确性角度来看,排名靠前的分析师大多在行业内跟踪公司较少。排在前五名的分析师分别是:长江证券股份有限公司的周晶晶、东北证券股份有限公司的李勇、长江证券股份有限公司的蒲东君、中国国际金融股份有限公司的蒲寒和中国国际金融股份有限公司的王瑶平。从最佳预测准确性角度来看,排名靠前的分析师大多跟踪了不止一家金融地产—非银金融(含保险、资本市场、其他金融)行业内的公司。排在前五名的分析师分别是:中国国际金融股份有限公司的王瑶平、中信建投证券股份有限公司的赵莎莎、山西证券股份有限公司的刘丽、上海申银万国证券研究所有限公司的王胜和华安证券股份有限公司的汪双秀。

表 2-47　一年期分析师预测准确性评价—平均表现(2017.05.01—2018.04.30)

行业:金融地产—房地产

分析师姓名	平均表现排名	跟踪股票数量	所属证券公司
刘越男	1	1	国泰君安证券股份有限公司
黄守宏	2	1	安信证券股份有限公司
吴 畏	3	1	兴业证券股份有限公司
范海波	4	1	信达证券股份有限公司
赵湘怀	5	1	安信证券股份有限公司
张 斌	6	2	国金证券股份有限公司
笪佳敏	7	1	东北证券股份有限公司
邓 学	8	1	天风证券股份有限公司
江宇辉	9	3	中信建投证券股份有限公司
刘章明	10	1	天风证券股份有限公司
胡正洋	11	1	广发证券股份有限公司
王毅成	12	1	国泰君安证券股份有限公司
杨 侃	13	10	平安证券股份有限公司
刘 璐	14	6	中信建投证券股份有限公司
姜 楠	15	1	浙商证券股份有限公司
郭海燕	16	1	中国国际金融股份有限公司
齐 东	17	5	东吴证券股份有限公司
丁文韬	18	1	东吴证券股份有限公司

（续表）

分析师姓名	平均表现排名	跟踪股票数量	所属证券公司
丁士涛	19	1	信达证券股份有限公司
傅慧芳	20	1	兴业证券股份有限公司
陈 聪	21	15	中信证券股份有限公司
陈 慎	22	21	中信建投证券股份有限公司
张全国	23	14	中信证券股份有限公司
王维逸	24	1	东吴证券股份有限公司
李 蕾	25	1	上海申银万国证券研究所有限公司
刘 义	26	14	招商证券股份有限公司
高 建	27	16	东北证券股份有限公司
李恒光	28	1	东北证券股份有限公司
晋 蔚	29	1	中银国际证券股份有限公司
胡 翔	30	1	东吴证券股份有限公司

表 2-48　一年期分析师预测准确性评价—最佳表现(2017.05.01—2018.04.30)
行业：金融地产—房地产

分析师姓名	最佳表现排名	跟踪股票数量	所属证券公司
陈浩武	1	16	光大证券股份有限公司
陈 慎	2	21	中信建投证券股份有限公司
杨 侃	3	10	平安证券股份有限公司
李孟泉	4	10	平安证券股份有限公司
涂力磊	5	41	海通证券股份有限公司
王立洲	6	15	西南证券股份有限公司
申思聪	7	10	长江证券股份有限公司
胡华如	8	19	西南证券股份有限公司
侯丽科	9	10	国泰君安证券股份有限公司
齐 东	10	5	东吴证券股份有限公司
王 茜	11	10	天风证券股份有限公司
竺 劲	12	22	东方证券股份有限公司

（续表）

分析师姓名	最佳表现排名	跟踪股票数量	所属证券公司
刘 璐	13	6	中信建投证券股份有限公司
袁 豪	14	17	华创证券有限责任公司
陈 聪	15	15	中信证券股份有限公司
刘 义	16	14	招商证券股份有限公司
张 宇	17	22	中国国际金融股份有限公司
陈天诚	18	17	天风证券股份有限公司
高 建	19	16	东北证券股份有限公司
贾亚童	20	10	华泰证券股份有限公司
郑闵钢	21	22	东兴证券股份有限公司
何敏仪	22	11	东莞证券股份有限公司
杨 柳	23	16	民生证券股份有限公司
区瑞明	24	11	国信证券股份有限公司
阎常铭	25	9	兴业证券股份有限公司
乐加栋	26	19	广发证券股份有限公司
王 胜	27	17	上海申银万国证券研究所有限公司
夏 磊	28	10	方正证券股份有限公司
王越明	29	11	国信证券股份有限公司
梁小翠	30	16	东兴证券股份有限公司

在 2017 年 5 月 1 日至 2018 年 4 月 30 日这一年的期间内,跟踪金融地产——房地产行业并作出针对 2017 年每股收益预测的分析师有 120 名。由表 2-47、表 2-48 可以看出,从平均预测准确性角度来看,排名靠前的分析师大多在行业内跟踪公司较少。排在前五名的分析师分别是:国泰君安证券股份有限公司的刘越男、安信证券股份有限公司的黄守宏、兴业证券股份有限公司的吴畏、信达证券股份有限公司的范海波和安信证券股份有限公司的赵湘怀。从最佳预测准确性角度来看,排名靠前的分析师大多跟踪了不止一家金融地产——房地产行业内的公司。排在前五名的分析师分别是:光大证券股份有限公司的陈浩武、中信建投证券股份有限公司的陈慎、平安证券股份有限公司的杨侃、平安证券股份有限公司的李孟枭和海通证券股份有限公司的涂力磊。

3 三年期证券分析师预测准确性评价

3.1 数据来源与样本说明

　　三年期证券分析师预测准确性评价的数据期间为 2015 年 5 月 1 日至 2018 年 4 月 30 日。所有分析师预测数据来源于 CSMAR 数据库，涉及指标包括分析师姓名、分析师编码、所属证券公司名称、预测公司证券代码、证券简称、预测终止日、预测每股收益及实际每股收益。

　　在对三年期证券分析师预测准确性进行评价时，我们对分析师初始研究报告及预测数据按照如下原则进行剔除：(1)剔除针对非 A 股上市公司的研究报告；(2)剔除未对公司每股收益进行预测的研究报告；(3)分析师同一预测期间内进行多次每股收益预测时，保留该预测期间内最后一次每股收益预测；(4)同一研究报告中对未来多期每股收益进行预测时，保留最近一期每股收益预测。此外，在三年期证券分析师预测准确性评价中，我们仅对连续在行业内执业满三年的分析师进行了排名。

　　经上述筛选后，我们最终得到参与三年期证券分析师准确性评价的分析师共 776 名。其中，主要消费—食品、饮料与烟草(除农牧渔产品)行业 58 名、信息技术—信息技术(含半导体、计算机及电子设备、计算机运用)行业 222 名、公用事业—公用事业行业 42 名、医药卫生—医药卫生(含医疗器械与服务、医药生物)行业 94 名、原材料—原材料 1(含化学制品、化学原料)行业 113 名、原材料—原材料 2(含建筑材料、有色金属、钢铁、非金属采矿及制品)行业 69 名、原材料—轻工(含家庭与个人用品、容器与包装、纸类与林业产品)行业 46 名、可选消费—传媒行业 42 名、可选消费—汽车与汽车零部件行业 82 名、可选消费—消费者服务、耐用消费品与服装行业 141 名、可选消费—零售业行业 41 名、工业—交通运输行业 26 名、工业—商业服务与用品行业 77 名、工业—资本品 1(含工业集团企业、建筑与工程、建筑产品)行业 45 名、工业—资本品 2(机械制造)行业 123 名、工业—资本品 4(电气设备)行业 90 名、工业—资本品 5(航空航天与国防)行业 24 名、电信业务—电信业务(含电信服务与通信设备)行业 55 名、能源—能源行业 49 名、金融地产—银行行业 19 名、金融地产—非银金融(含保险、资本市场、其他金融)行业 31 名、金融地产—房地产行业 38 名①。

3.2　三年期证券分析师预测准确性评价结果

我们按照第一章介绍的计算方法,首先计算出各行业内每位分析师各年度每股收益预测的平均表现得分及最佳表现得分,在此基础上对分析师在行业内三年表现(平均表现和最佳表现两个维度)得分求平均,按照三年平均标准分由低到高进行排序②,若标准分相同,平均跟踪行业公司数量多的优先,若仍相同,按分析师姓名排序。按上述方法得到三年期的分行业证券分析师预测准确性排名如下,因篇幅所限,我们只列示了各行业内排名前 20 名的证券分析师,若不足 20 名,则全部列示。

表 3-1　三年期分析师预测准确性评价—平均表现(2015.05.01—2018.04.30)
行业:主要消费—食品、饮料与烟草(除农牧渔产品)

分析师姓名	平均表现排名	平均跟踪股票数量	所属证券公司
钟　奇	1	2	海通证券股份有限公司
于　杰	2	17	国金证券股份有限公司
文　献	3	23	平安证券股份有限公司
汤玮亮	4	17	中银国际证券股份有限公司
苏　铖	5	25	安信证券股份有限公司
肖　婵	6	13	东方证券股份有限公司
李　强	7	31	东北证券股份有限公司
袁霏阳	8	31	中国国际金融股份有限公司
杨勇胜	9	21	招商证券股份有限公司
胡春霞	10	17	国泰君安证券股份有限公司
刘洁铭	11	19	方正证券股份有限公司
丁　频	12	8	海通证券股份有限公司
董广阳	13	21	招商证券股份有限公司

① 因存在同一分析师跟踪不同行业的情况,因此证券分析师总数与各行业分析师数量加总数不一致。
② 标准分越低,预测误差相对越小,预测准确度相对越高。

（续表）

分析师姓名	平均表现排名	平均跟踪股票数量	所属证券公司
张宇光	14	16	东吴证券股份有限公司
刘 颜	15	17	长江证券股份有限公司
王永锋	16	24	广发证券股份有限公司
朱会振	17	19	西南证券股份有限公司
缴文超	18	1	平安证券股份有限公司
薛玉虎	19	21	方正证券股份有限公司
王 承	20	7	国联证券股份有限公司

表 3-2　三年期分析师预测准确性评价—最佳表现(2015.05.01—2018.04.30)
行业：主要消费—食品、饮料与烟草(除农牧渔产品)

分析师姓名	最佳表现排名	平均跟踪股票数量	所属证券公司
苏 铖	1	25	安信证券股份有限公司
李 强	2	31	东北证券股份有限公司
胡春霞	3	17	国泰君安证券股份有限公司
王永锋	4	24	广发证券股份有限公司
袁霏阳	5	31	中国国际金融股份有限公司
陈柏儒	6	11	民生证券股份有限公司
文 献	7	23	平安证券股份有限公司
余春生	8	31	国海证券股份有限公司
董广阳	9	21	招商证券股份有限公司
杨勇胜	10	21	招商证券股份有限公司
薛玉虎	11	21	方正证券股份有限公司
马浩博	12	25	东吴证券股份有限公司
黄付生	13	41	太平洋证券股份有限公司
卢文琳	14	10	广发证券股份有限公司
朱会振	15	19	西南证券股份有限公司
汤玮亮	16	17	中银国际证券股份有限公司
王晓明	17	21	兴业证券股份有限公司

（续表）

分析师姓名	最佳表现排名	平均跟踪股票数量	所属证券公司
陈嵩昆	18	26	兴业证券股份有限公司
刘洁铭	19	19	方正证券股份有限公司
陈梦瑶	20	21	国信证券股份有限公司

在 2015 年 5 月 1 日至 2018 年 4 月 30 日这三年的期间内,持续跟踪主要消费—食品、饮料与烟草(除农牧渔产品)行业并作出每股收益预测的分析师有 58 名。由表 3-1、表 3-2 可以看出,从平均预测准确性角度来看,排在前五名的分析师分别是:海通证券股份有限公司的钟奇、国金证券股份有限公司的于杰、平安证券股份有限公司的文献、中银国际证券股份有限公司的汤玮亮和安信证券股份有限公司的苏铖。从最佳预测准确性角度来看,排在前五名的分析师分别是:安信证券股份有限公司的苏铖、东北证券股份有限公司的李强、国泰君安证券股份有限公司的胡春霞、广发证券股份有限公司的王永锋和中国国际金融股份有限公司的袁霏阳。

表 3-3 三年期分析师预测准确性评价—平均表现(2015.05.01—2018.04.30)
行业:信息技术—信息技术(含半导体、计算机及电子设备、计算机运用)

分析师姓名	平均表现排名	平均跟踪股票数量	所属证券公司
吴 斯	1	1	国泰君安证券股份有限公司
王 习	2	2	东兴证券股份有限公司
肖明亮	3	7	广州广证恒生证券投资咨询有限公司
刘晓宁	4	5	上海申银万国证券研究所有限公司
郭丽丽	5	1	方正证券股份有限公司
顾海波	6	6	中信证券股份有限公司
顾 晟	7	2	上海申银万国证券研究所有限公司
傅楚雄	8	4	中国银河证券股份有限公司
沈 娟	9	1	华泰证券股份有限公司
王炎学	10	2	国泰君安证券股份有限公司
施 妍	11	2	上海申银万国证券研究所有限公司
顾 佳	12	9	招商证券股份有限公司
张 涛	13	2	上海证券有限责任公司

（续表）

分析师姓名	平均表现排名	平均跟踪股票数量	所属证券公司
李　超	14	6	中国中投证券有限责任公司
周建华	15	4	上海申银万国证券研究所有限公司
王　胜	16	8	兴业证券股份有限公司
卢　婷	17	30	中国国际金融股份有限公司
陈　彦	18	2	中国国际金融股份有限公司
王宇飞	19	3	中国国际金融股份有限公司
邹兰兰	20	3	东北证券股份有限公司

表3-4　三年期分析师预测准确性评价—最佳表现(2015.05.01—2018.04.30)
行业：信息技术—信息技术(含半导体、计算机及电子设备、计算机运用)

分析师姓名	最佳表现排名	平均跟踪股票数量	所属证券公司
袁煜明	1	43	兴业证券股份有限公司
谭志勇	2	39	华金证券股份有限公司
胡又文	3	64	安信证券股份有限公司
许兴军	4	19	广发证券股份有限公司
郑宏达	5	47	海通证券股份有限公司
卢　婷	6	30	中国国际金融股份有限公司
何　晨	7	14	财富证券有限责任公司
刘　洋	8	25	上海申银万国证券研究所有限公司
钟　奇	9	42	海通证券股份有限公司
刘　亮	10	30	兴业证券股份有限公司
刘雪峰	11	31	广发证券股份有限公司
赵　成	12	15	财通证券股份有限公司
王　聪	13	15	国泰君安证券股份有限公司
顾海波	14	6	中信证券股份有限公司
文　浩	15	12	天风证券股份有限公司
张　骙	16	20	华泰证券股份有限公司
孙远峰	17	15	安信证券股份有限公司

分析师姓名	最佳表现排名	平均跟踪股票数量	所属证券公司
沈海兵	18	24	天风证券股份有限公司
孔令峰	19	24	国海证券股份有限公司
熊　莉	20	23	西南证券股份有限公司

在 2015 年 5 月 1 日至 2018 年 4 月 30 日这三年的期间内，持续跟踪信息技术——信息技术（含半导体、计算机及电子设备、计算机运用）行业并作出每股收益预测的分析师有 222 名。由表 3-3、表 3-4 可以看出，从平均预测准确性角度来看，排在前五名的分析师分别是：国泰君安证券股份有限公司的吴斯、东兴证券股份有限公司的王习、广州广证恒生证券投资咨询有限公司的肖明亮、上海申银万国证券研究所有限公司的刘晓宁和方正证券股份有限公司的郭丽丽。从最佳预测准确性角度来看，排在前五名的分析师分别是：兴业证券股份有限公司的袁煜明、华金证券股份有限公司的谭志勇、安信证券股份有限公司的胡又文、广发证券股份有限公司的许兴军和海通证券股份有限公司的郑宏达。

表 3-5　三年期分析师预测准确性评价—平均表现（2015.05.01—2018.04.30）

行业：公用事业—公用事业

分析师姓名	平均表现排名	平均跟踪股票数量	所属证券公司
范海波	1	2	信达证券股份有限公司
袁　理	2	1	东吴证券股份有限公司
沈　成	3	2	中银国际证券有限责任公司
刘晓宁	4	30	上海申银万国证券研究所有限公司
杨敬梅	5	1	国信证券股份有限公司
冀丽俊	6	6	上海证券有限责任公司
王颖婷	7	4	西南证券股份有限公司
丁士涛	8	2	信达证券股份有限公司
华　巍	9	2	群益证券（香港）有限公司
谭　倩	10	7	国海证券股份有限公司
董宜安	11	3	上海申银万国证券研究所有限公司
张　学	12	1	太平洋证券股份有限公司
王　璐	13	27	上海申银万国证券研究所有限公司

(续表)

分析师姓名	平均表现排名	平均跟踪股票数量	所属证券公司
曾朵红	14	2	东吴证券股份有限公司
刘晶敏	15	1	太平洋证券股份有限公司
郭 鹏	16	12	广发证券股份有限公司
郭丽丽	17	7	方正证券股份有限公司
关 滨	18	2	中国国际金融股份有限公司
韩启明	19	17	上海申银万国证券研究所有限公司
何 昕	20	1	华泰证券股份有限公司

表 3-6　三年期分析师预测准确性评价—最佳表现(2015.05.01—2018.04.30)
行业:公用事业—公用事业

分析师姓名	最佳表现排名	平均跟踪股票数量	所属证券公司
刘晓宁	1	30	上海申银万国证券研究所有限公司
王 璐	2	27	上海申银万国证券研究所有限公司
郭 鹏	3	12	广发证券股份有限公司
谭 倩	4	7	国海证券股份有限公司
汪 洋	5	12	兴业证券股份有限公司
范海波	6	2	信达证券股份有限公司
郭丽丽	7	7	方正证券股份有限公司
沈 成	8	2	中银国际证券有限责任公司
袁 理	9	1	东吴证券股份有限公司
冀丽俊	10	6	上海证券有限责任公司
李俊松	11	5	中信建投证券股份有限公司
韩启明	12	17	上海申银万国证券研究所有限公司
王颖婷	13	4	西南证券股份有限公司
朱纯阳	14	11	招商证券股份有限公司
马宝德	15	7	国联证券股份有限公司
崔 霖	16	6	中信证券股份有限公司
王祎佳	17	3	华创证券有限责任公司

（续表）

分析师姓名	最佳表现排名	平均跟踪股票数量	所属证券公司
华　巍	18	2	群益证券（香港）有限公司
张　晨	19	5	招商证券股份有限公司
邵琳琳	20	5	安信证券股份有限公司

　　在2015年5月1日至2018年4月30日这三年的期间内,持续跟踪公用事业——公用事业行业并作出每股收益预测的分析师有42名。由表3-5、表3-6可以看出,从平均预测准确性角度来看,排在前五名的分析师分别是：信达证券股份有限公司的范海波、东吴证券股份有限公司的袁理、中银国际证券有限责任公司的沈成、上海申银万国证券研究所有限公司的刘晓宁和国信证券股份有限公司的杨敬梅。从最佳预测准确性角度来看,排在前五名的分析师分别是：上海申银万国证券研究所有限公司的刘晓宁、上海申银万国证券研究所有限公司的王璐、广发证券股份有限公司的郭鹏、国海证券股份有限公司的谭倩和兴业证券股份有限公司的汪洋。

　　表3-7　三年期分析师预测准确性评价—平均表现（2015.05.01—2018.04.30）
　　　　　行业：医药卫生—医药卫生（含医疗器械与服务、医药生物）

分析师姓名	平均表现排名	平均跟踪股票数量	所属证券公司
郑宏达	1	1	海通证券股份有限公司
卢　婷	2	2	中国国际金融股份有限公司
程　磊	3	2	新时代证券股份有限公司
吴　立	4	7	天风证券股份有限公司
唐爱金	5	11	广州广证恒生证券投资咨询有限公司
龚毓幸	6	4	上海申银万国证券研究所有限公司
季序我	7	18	东方证券股份有限公司
赵浩然	8	7	长城证券股份有限公司
屠炜颖	9	11	中国国际金融股份有限公司
刘雪峰	10	1	广发证券股份有限公司
邹　朋	11	33	中国国际金融股份有限公司
宫衍海	12	4	上海申银万国证券研究所有限公司
赵金厚	13	4	上海申银万国证券研究所有限公司

(续表)

分析师姓名	平均表现排名	平均跟踪股票数量	所属证券公司
梁 博	14	2	东兴证券股份有限公司
叶 寅	15	31	平安证券股份有限公司
刘雪晴	16	7	财富证券有限责任公司
孙 建	17	15	海通证券股份有限公司
徐佳熹	18	61	兴业证券股份有限公司
盛 夏	19	3	中信证券股份有限公司
宋 凯	20	15	华创证券有限责任公司

表3-8 三年期分析师预测准确性评价—最佳表现(2015.05.01—2018.04.30)
行业:医药卫生—医药卫生(含医疗器械与服务、医药生物)

分析师姓名	最佳表现排名	平均跟踪股票数量	所属证券公司
余文心	1	45	海通证券股份有限公司
李敬雷	2	24	国金证券股份有限公司
江维娜	3	26	国信证券股份有限公司
朱国广	4	75	西南证券股份有限公司
徐佳熹	5	61	兴业证券股份有限公司
杨烨辉	6	39	天风证券股份有限公司
强 静	7	38	中国国际金融股份有限公司
丁 丹	8	37	国泰君安证券股份有限公司
叶 寅	9	31	平安证券股份有限公司
杜 舟	10	21	上海申银万国证券研究所有限公司
邹 朋	11	33	中国国际金融股份有限公司
季序我	12	18	东方证券股份有限公司
崔文亮	13	31	安信证券股份有限公司
刘舒畅	14	35	东北证券股份有限公司
李平祝	15	20	中国银河证券股份有限公司
罗佳荣	16	23	广发证券股份有限公司
胡博新	17	21	国海证券股份有限公司

（续表）

分析师姓名	最佳表现排名	平均跟踪股票数量	所属证券公司
李珊珊	18	16	招商证券股份有限公司
赵浩然	19	7	长城证券股份有限公司
孙　建	20	15	海通证券股份有限公司

在 2015 年 5 月 1 日至 2018 年 4 月 30 日这三年的期间内,持续跟踪医药卫生——医药卫生(含医疗器械与服务、医药生物)行业并作出每股收益预测的分析师有 94 名。由表 3-7、表 3-8 可以看出,从平均预测准确性角度来看,排在前五名的分析师分别是:海通证券股份有限公司的郑宏达、中国国际金融股份有限公司的卢婷、新时代证券股份有限公司的程磊、天风证券股份有限公司的吴立和广州广证恒生证券投资咨询有限公司的唐爱金。从最佳预测准确性角度来看,排在前五名的分析师分别是:海通证券股份有限公司的余文心、国金证券股份有限公司的李敬雷、国信证券股份有限公司的江维娜、西南证券股份有限公司的朱国广和兴业证券股份有限公司的徐佳熹。

表 3-9　三年期分析师预测准确性评价——平均表现(2015.05.01—2018.04.30)
行业:原材料——原材料 1(含化学制品、化学原料)

分析师姓名	平均表现排名	平均跟踪股票数量	所属证券公司
王　璐	1	1	上海申银万国证券研究所有限公司
余　兵	2	1	平安证券股份有限公司
姜　楠	3	1	浙商证券股份有限公司
龚斯闻	4	2	东北证券股份有限公司
游家训	5	1	招商证券股份有限公司
朱吉翔	6	2	群益证券(香港)有限公司
杨　云	7	6	浙商证券股份有限公司
王永辉	8	1	方正证券股份有限公司
赵湘怀	9	2	安信证券股份有限公司
胡　毅	10	1	华创证券有限责任公司
王　强	11	8	招商证券股份有限公司
谢　璐	12	4	广发证券股份有限公司
孙金钜	13	3	新时代证券股份有限公司

（续表）

分析师姓名	平均表现排名	平均跟踪股票数量	所属证券公司
邹 戈	14	4	广发证券股份有限公司
范海波	15	1	信达证券股份有限公司
刘晓宁	16	2	上海申银万国证券研究所有限公司
姚 鑫	17	21	招商证券股份有限公司
田 源	18	2	天风证券股份有限公司
沈 成	19	2	中银国际证券股份有限公司
杨 超	20	15	长城证券股份有限公司

表 3-10　三年期分析师预测准确性评价—最佳表现(2015.05.01—2018.04.30)
行业：原材料—原材料1(含化学制品、化学原料)

分析师姓名	最佳表现排名	平均跟踪股票数量	所属证券公司
马 太	1	17	长江证券股份有限公司
周 铮	2	21	招商证券股份有限公司
杨 云	3	6	浙商证券股份有限公司
代鹏举	4	24	国海证券股份有限公司
刘 威	5	72	海通证券股份有限公司
姚 鑫	6	21	招商证券股份有限公司
杨若木	7	20	东兴证券股份有限公司
王席鑫	8	25	国盛证券有限责任公司
黄莉莉	9	21	中信证券股份有限公司
刘 曦	10	17	华泰证券股份有限公司
曹 令	11	30	华创证券有限责任公司
郑方镳	12	22	兴业证券股份有限公司
商艾华	13	40	西南证券股份有限公司
杨 伟	14	19	太平洋证券股份有限公司
王剑雨	15	19	广发证券股份有限公司
杨 林	16	19	民生证券股份有限公司
马昕晔	17	9	上海申银万国证券研究所有限公司

（续表）

分析师姓名	最佳表现排名	平均跟踪股票数量	所属证券公司
郭荆璞	18	11	信达证券股份有限公司
李明刚	19	18	国泰君安证券股份有限公司
李辉	20	19	天风证券股份有限公司

　　在2015年5月1日至2018年4月30日这三年的期间内,持续跟踪原材料—原材料1(含化学制品、化学原料)行业并作出每股收益预测的分析师有113名。由表3-9、表3-10可以看出,从平均预测准确性角度来看,排在前五名的分析师分别是:上海申银万国证券研究所有限公司的王璐、平安证券股份有限公司的余兵、浙商证券股份有限公司的姜楠、东北证券股份有限公司的龚斯闻和招商证券股份有限公司的游家训。从最佳预测准确性角度来看,排在前五名的分析师分别是:长江证券股份有限公司的马太、招商证券股份有限公司的周铮、浙商证券股份有限公司的杨云、国海证券股份有限公司的代鹏举和海通证券股份有限公司的刘威。

表3-11　三年期分析师预测准确性评价—平均表现(2015.05.01—2018.04.30)
　　　　行业:原材料—原材料2(含建筑材料、有色金属、钢铁、非金属采矿及制品)

分析师姓名	平均表现排名	平均跟踪股票数量	所属证券公司
王招华	1	5	光大证券股份有限公司
朱金岩	2	1	民生证券股份有限公司
范海波	3	16	信达证券股份有限公司
王一川	4	3	长江证券股份有限公司
宫模恒	5	3	华安证券股份有限公司
王鹤涛	6	29	长江证券股份有限公司
葛军	7	7	长江证券股份有限公司
笃慧	8	20	中泰证券股份有限公司
范劲松	9	11	民生证券股份有限公司
李俊松	10	6	中泰证券股份有限公司
鲍荣富	11	7	华泰证券股份有限公司
陈彦	12	31	中国国际金融股份有限公司
范超	13	14	长江证券股份有限公司
王玮嘉	14	1	华泰证券股份有限公司

（续表）

分析师姓名	平均表现排名	平均跟踪股票数量	所属证券公司
李华丰	15	8	兴业证券股份有限公司
陶贻功	16	2	民生证券股份有限公司
鲍雁辛	17	14	国泰君安证券股份有限公司
钟 奇	18	29	海通证券股份有限公司
邱友锋	19	12	海通证券股份有限公司
陈浩武	20	11	光大证券股份有限公司

表 3-12　三年期分析师预测准确性评价—最佳表现(2015.05.01—2018.04.30)
行业：原材料—原材料 2(含建筑材料、有色金属、钢铁、非金属采矿及制品)

分析师姓名	最佳表现排名	平均跟踪股票数量	所属证券公司
鲍雁辛	1	14	国泰君安证券股份有限公司
陈 彦	2	31	中国国际金融股份有限公司
巨国贤	3	25	广发证券股份有限公司
任志强	4	43	华创证券有限责任公司
杨诚笑	5	22	天风证券股份有限公司
陈浩武	6	11	光大证券股份有限公司
王招华	7	5	光大证券股份有限公司
范劲松	8	11	民生证券股份有限公司
范海波	9	16	信达证券股份有限公司
钟 奇	10	29	海通证券股份有限公司
邱祖学	11	43	兴业证券股份有限公司
鲍荣富	12	7	华泰证券股份有限公司
李华丰	13	8	兴业证券股份有限公司
徐若旭	14	13	上海申银万国证券研究所有限公司
刘华峰	15	14	国泰君安证券股份有限公司
笃 慧	16	20	中泰证券股份有限公司

（续表）

分析师姓名	最佳表现排名	平均跟踪股票数量	所属证券公司
王鹤涛	17	29	长江证券股份有限公司
代鹏举	18	14	国海证券股份有限公司
谢璐	19	9	广发证券股份有限公司
葛军	20	7	长江证券股份有限公司

在 2015 年 5 月 1 日至 2018 年 4 月 30 日这三年的期间内,持续跟踪原材料—原材料 2(含建筑材料、有色金属、钢铁、非金属采矿及制品)行业并作出每股收益预测的分析师有 69 名。由表 3-11、表 3-12 可以看出,从平均预测准确性角度来看,排在前五名的分析师分别是:光大证券股份有限公司的王招华、民生证券股份有限公司的朱金岩、信达证券股份有限公司的范海波、长江证券股份有限公司的王一川和华安证券股份有限公司的宫模恒。从最佳预测准确性角度来看,排在前五名的分析师分别是:国泰君安证券股份有限公司的鲍雁辛、中国国际金融股份有限公司的陈彦、广发证券股份有限公司的巨国贤、华创证券有限责任公司的任志强和天风证券股份有限公司的杨诚笑。

表 3-13　三年期分析师预测准确性评价—平均表现(2015.05.01—2018.04.30)
行业:原材料—轻工(含家庭与个人用品、容器与包装、纸类与林业产品)

分析师姓名	平均表现排名	平均跟踪股票数量	所属证券公司
邱友锋	1	1	海通证券股份有限公司
胡又文	2	1	安信证券股份有限公司
洪涛	3	2	广发证券股份有限公司
施红梅	4	2	东方证券股份有限公司
樊俊豪	5	6	中国国际金融股份有限公司
姜浩	6	7	天风证券股份有限公司
鄢鹏	7	4	长江证券股份有限公司
杨志威	8	5	中银国际证券有限责任公司
钱佳佳	9	1	海通证券股份有限公司
周海晨	10	10	上海申银万国证券研究所有限公司
訾猛	11	3	国泰君安证券股份有限公司
吴骁宇	12	2	天风证券股份有限公司

（续表）

分析师姓名	平均表现排名	平均跟踪股票数量	所属证券公司
周羽	13	2	中信证券股份有限公司
赵越峰	14	2	东方证券股份有限公司
雒雅梅	15	11	兴业证券股份有限公司
谢璐	16	2	广发证券股份有限公司
徐林锋	17	4	方正证券股份有限公司
刘雪晴	18	1	财富证券有限责任公司
邹戈	19	2	广发证券股份有限公司
花小伟	20	14	中信建投证券股份有限公司

表 3-14　三年期分析师预测准确性评价—最佳表现(2015.05.01—2018.04.30)
行业：原材料—轻工(含家庭与个人用品、容器与包装、纸类与林业产品)

分析师姓名	最佳表现排名	平均跟踪股票数量	所属证券公司
花小伟	1	14	中信建投证券股份有限公司
雒雅梅	2	11	兴业证券股份有限公司
樊俊豪	3	6	中国国际金融股份有限公司
周海晨	4	10	上海申银万国证券研究所有限公司
姜浩	5	7	天风证券股份有限公司
穆方舟	6	8	国泰君安证券股份有限公司
揭力	7	6	国金证券股份有限公司
洪涛	8	2	广发证券股份有限公司
郑恺	9	12	招商证券股份有限公司
杨志威	10	5	中银国际证券有限责任公司
屠亦婷	11	10	上海申银万国证券研究所有限公司
徐林锋	12	4	方正证券股份有限公司
吴晓飞	13	6	国泰君安证券股份有限公司
鄢鹏	14	4	长江证券股份有限公司
曾知	15	10	海通证券股份有限公司
濮冬燕	16	11	招商证券股份有限公司

分析师姓名	最佳表现排名	平均跟踪股票数量	所属证券公司
李宏鹏	17	11	招商证券股份有限公司
范张翔	18	10	上海申银万国证券研究所有限公司
陈羽锋	19	6	华泰证券股份有限公司
刘章明	20	2	天风证券股份有限公司

在 2015 年 5 月 1 日至 2018 年 4 月 30 日这三年的期间内,持续跟踪原材料—轻工(含家庭与个人用品、容器与包装、纸类与林业产品)行业并作出每股收益预测的分析师有 46 名。由表 3-13、表 3-14 可以看出,从平均预测准确性角度来看,排在前五名的分析师分别是:海通证券股份有限公司的邱友锋、安信证券股份有限公司的胡又文、广发证券股份有限公司的洪涛、东方证券股份有限公司的施红梅和中国国际金融股份有限公司的樊俊豪。从最佳预测准确性角度来看,排在前五名的分析师分别是:中信建投证券股份有限公司的花小伟、兴业证券股份有限公司的雒雅梅、中国国际金融股份有限公司的樊俊豪、上海申银万国证券研究所有限公司的周海晨和天风证券股份有限公司的姜浩。

表 3-15　三年期分析师预测准确性评价—平均表现(2015.05.01—2018.04.30)
行业:可选消费—传媒

分析师姓名	平均表现排名	平均跟踪股票数量	所属证券公司
顾　晟	1	1	上海申银万国证券研究所有限公司
谢　晨	2	8	华创证券有限责任公司
施　妍	3	3	上海申银万国证券研究所有限公司
杨　云	4	2	浙商证券股份有限公司
周建华	5	5	上海申银万国证券研究所有限公司
胡嘉铭	6	6	群益证券(香港)有限公司
林　娟	7	6	平安证券股份有限公司
孟　玮	8	14	中国国际金融股份有限公司
廖绪发	9	7	北京高华证券有限责任公司
文　浩	10	10	天风证券股份有限公司
康雅雯	11	12	中泰证券股份有限公司
方光照	12	3	招商证券股份有限公司

（续表）

分析师姓名	平均表现排名	平均跟踪股票数量	所属证券公司
印 培	13	9	中国国际金融股份有限公司
丁婉贝	14	21	兴业证券股份有限公司
徐雪洁	15	6	山西证券股份有限公司
张良卫	16	8	东吴证券股份有限公司
王 铮	17	6	光大证券股份有限公司
林起贤	18	4	招商证券股份有限公司
何 晨	19	2	财富证券有限责任公司
陈 筱	20	12	国泰君安证券股份有限公司

表3-16 三年期分析师预测准确性评价—最佳表现(2015.05.01—2018.04.30)
行业：可选消费—传媒

分析师姓名	最佳表现排名	平均跟踪股票数量	所属证券公司
孟 玮	1	14	中国国际金融股份有限公司
谢 晨	2	8	华创证券有限责任公司
廖绪发	3	7	北京高华证券有限责任公司
丁婉贝	4	21	兴业证券股份有限公司
胡嘉铭	5	6	群益证券(香港)有限公司
钟 奇	6	36	海通证券股份有限公司
张 衡	7	17	国信证券股份有限公司
施 妍	8	3	上海申银万国证券研究所有限公司
康雅雯	9	12	中泰证券股份有限公司
陈 筱	10	12	国泰君安证券股份有限公司
文 浩	11	10	天风证券股份有限公司
林 娟	12	6	平安证券股份有限公司
郭 毅	13	13	中信证券股份有限公司
印 培	14	9	中国国际金融股份有限公司
张良卫	15	8	东吴证券股份有限公司
刘 言	16	13	西南证券股份有限公司

分析师姓名	最佳表现排名	平均跟踪股票数量	所属证券公司
王　铮	17	6	光大证券股份有限公司
旷　实	18	10	广发证券股份有限公司
周建华	19	5	上海申银万国证券研究所有限公司
许　娟	20	10	华泰证券股份有限公司

在 2015 年 5 月 1 日至 2018 年 4 月 30 日这三年的期间内，持续跟踪可选消费——传媒行业并作出每股收益预测的分析师有 42 名。由表 3-15、表 3-16 可以看出，从平均预测准确性角度来看，排在前五名的分析师分别是：上海申银万国证券研究所有限公司的顾晟、华创证券有限责任公司的谢晨、上海申银万国证券研究所有限公司的施妍、浙商证券股份有限公司的杨云和上海申银万国证券研究所有限公司的周建华。从最佳预测准确性角度来看，排在前五名的分析师分别是：中国国际金融股份有限公司的孟玮、华创证券有限责任公司的谢晨、北京高华证券有限责任公司的廖绪发、兴业证券股份有限公司的丁婉贝和群益证券（香港）有限公司的胡嘉铭。

表 3-17　三年期分析师预测准确性评价——平均表现(2015.05.01—2018.04.30)

行业：可选消费——汽车与汽车零部件

分析师姓名	平均表现排名	平均跟踪股票数量	所属证券公司
袁煜明	1	1	兴业证券股份有限公司
王　鹏	2	2	浙商证券股份有限公司
徐凌羽	3	7	民生证券股份有限公司
高　鹏	4	1	方正证券股份有限公司
陈显帆	5	5	东吴证券股份有限公司
刘　洋	6	11	国金证券股份有限公司
曾朵红	7	3	东吴证券股份有限公司
奉　玮	8	28	中国国际金融股份有限公司
余　兵	9	20	平安证券股份有限公司
王永辉	10	3	方正证券股份有限公司
杨　超	11	3	长城证券股份有限公司
杨　云	12	5	浙商证券股份有限公司

（续表）

分析师姓名	平均表现排名	平均跟踪股票数量	所属证券公司
王建伟	13	2	东北证券股份有限公司
蔡麟琳	14	6	上海申银万国证券研究所有限公司
杨若木	15	4	东兴证券股份有限公司
张　乐	16	13	广发证券股份有限公司
冯福章	17	1	安信证券股份有限公司
陈俊斌	18	19	中信证券股份有限公司
汪刘胜	19	16	招商证券股份有限公司
朱金岩	20	5	民生证券股份有限公司

表 3-18　三年期分析师预测准确性评价—最佳表现（2015.05.01—2018.04.30）
行业：可选消费—汽车与汽车零部件

分析师姓名	最佳表现排名	平均跟踪股票数量	所属证券公司
奉　玮	1	28	中国国际金融股份有限公司
高　翔	2	21	西南证券股份有限公司
崔　琰	3	18	天风证券股份有限公司
邓　学	4	19	天风证券股份有限公司
姜雪晴	5	13	东方证券股份有限公司
刘　洋	6	11	国金证券股份有限公司
马　松	7	12	国联证券股份有限公司
谢志才	8	15	华泰证券股份有限公司
王炎学	9	16	国泰君安证券股份有限公司
张　乐	10	13	广发证券股份有限公司
余　兵	11	20	平安证券股份有限公司
彭　勇	12	15	财通证券股份有限公司
陈俊斌	13	19	中信证券股份有限公司
郑连声	14	13	渤海证券股份有限公司
梁　超	15	11	国信证券股份有限公司
徐凌羽	16	7	民生证券股份有限公司

（续表）

分析师姓名	最佳表现排名	平均跟踪股票数量	所属证券公司
王冠桥	17	20	兴业证券股份有限公司
杨若木	18	4	东兴证券股份有限公司
于　特	19	19	方正证券股份有限公司
汪刘胜	20	16	招商证券股份有限公司

在 2015 年 5 月 1 日至 2018 年 4 月 30 日这三年的期间内,持续跟踪可选消费——汽车与汽车零部件行业并作出每股收益预测的分析师有 82 名。由表 3-17、表 3-18 可以看出,从平均预测准确性角度来看,排在前五名的分析师分别是:兴业证券股份有限公司的袁煜明、浙商证券股份有限公司的王鹏、民生证券股份有限公司的徐凌羽、方正证券股份有限公司的高鹏和东吴证券股份有限公司的陈显帆。从最佳预测准确性角度来看,排在前五名的分析师分别是:中国国际金融股份有限公司的奉玮、西南证券股份有限公司的高翔、天风证券股份有限公司的崔琰、天风证券股份有限公司的邓学和东方证券股份有限公司的姜雪晴。

表 3-19　三年期分析师预测准确性评价——平均表现(2015.05.01—2018.04.30)
行业:可选消费——消费者服务、耐用消费品与服装

分析师姓名	平均表现排名	平均跟踪股票数量	所属证券公司
谭志勇	1	2	华金证券股份有限公司
孟　玮	2	1	中国国际金融股份有限公司
许　娟	3	1	华泰证券股份有限公司
印　培	4	1	中国国际金融股份有限公司
丁婉贝	5	2	兴业证券股份有限公司
王宇飞	6	1	中国国际金融股份有限公司
吴慧敏	7	1	中国国际金融股份有限公司
张　艺	8	11	东吴证券股份有限公司
洪　涛	9	3	广发证券股份有限公司
张　镭	10	4	中国中投证券有限责任公司
张　衡	11	2	国信证券股份有限公司
唐佳睿	12	5	光大证券股份有限公司
周文波	13	3	安信证券股份有限公司

(续表)

分析师姓名	平均表现排名	平均跟踪股票数量	所属证券公司
安 鹏	14	15	广发证券股份有限公司
徐 春	15	17	长江证券股份有限公司
杨烨辉	16	1	天风证券股份有限公司
樊俊豪	17	5	中国国际金融股份有限公司
肖明亮	18	1	广州广证恒生证券投资咨询有限公司
杨志威	19	5	中银国际证券股份有限公司
孙 妤	20	21	招商证券股份有限公司

表 3-20 三年期分析师预测准确性评价—最佳表现(2015.05.01—2018.04.30)
行业：可选消费—消费者服务、耐用消费品与服装

分析师姓名	最佳表现排名	平均跟踪股票数量	所属证券公司
糜韩杰	1	22	广发证券股份有限公司
于旭辉	2	19	长江证券股份有限公司
张 艺	3	11	东吴证券股份有限公司
徐 春	4	17	长江证券股份有限公司
姜 娅	5	16	中信证券股份有限公司
吕 明	6	21	天风证券股份有限公司
曾 光	7	15	国信证券股份有限公司
刘越男	8	17	国泰君安证券股份有限公司
安 鹏	9	15	广发证券股份有限公司
施红梅	10	27	东方证券股份有限公司
张立聪	11	24	安信证券股份有限公司
李跃博	12	28	兴业证券股份有限公司
李 婕	13	27	光大证券股份有限公司
孙 妤	14	21	招商证券股份有限公司
范 杨	15	19	国泰君安证券股份有限公司
唐佳睿	16	5	光大证券股份有限公司
王立平	17	26	上海申银万国证券研究所有限公司

（续表）

分析师姓名	最佳表现排名	平均跟踪股票数量	所属证券公司
周海晨	18	17	上海申银万国证券研究所有限公司
郭海燕	19	35	中国国际金融股份有限公司
曾 婵	20	20	广发证券股份有限公司

在 2015 年 5 月 1 日至 2018 年 4 月 30 日这三年的期间内,持续跟踪可选消费—消费者服务、耐用消费品与服装行业并作出每股收益预测的分析师有 141 名。由表 3-19、表 3-20 可以看出,从平均预测准确性角度来看,排在前五名的分析师分别是:华金证券股份有限公司的谭志勇、中国国际金融股份有限公司的孟玮、华泰证券股份有限公司的许娟、中国国际金融股份有限公司的印培和兴业证券股份有限公司的丁婉贝。从最佳预测准确性角度来看,排在前五名的分析师分别是:广发证券股份有限公司的糜韩杰、长江证券股份有限公司的于旭辉、东吴证券股份有限公司的张艺、长江证券股份有限公司的徐春和中信证券股份有限公司的姜娅。

表 3-21 三年期分析师预测准确性评价—平均表现(2015.05.01—2018.04.30)

行业: 可选消费—零售业

分析师姓名	平均表现排名	平均跟踪股票数量	所属证券公司
鄢 鹏	1	1	中信证券股份有限公司
郭海燕	2	13	中国国际金融股份有限公司
唐佳睿	3	28	光大证券股份有限公司
周海晨	4	2	上海申银万国证券研究所有限公司
李跃博	5	2	兴业证券股份有限公司
孙 妤	6	2	招商证券股份有限公司
周 羽	7	12	中信证券股份有限公司
屠亦婷	8	2	上海申银万国证券研究所有限公司
訾 猛	9	18	国泰君安证券股份有限公司
黄淑妍	10	2	长城证券股份有限公司
孔令峰	11	1	国海证券股份有限公司
汪立亭	12	18	海通证券股份有限公司
徐晓芳	13	10	中信证券股份有限公司
钱 建	14	2	国联证券股份有限公司

（续表）

分析师姓名	平均表现排名	平均跟踪股票数量	所属证券公司
李婕	15	2	光大证券股份有限公司
李锦	16	11	长江证券股份有限公司
范张翔	17	2	上海申银万国证券研究所有限公司
樊俊豪	18	12	中国国际金融股份有限公司
施红梅	19	1	东方证券股份有限公司
张镭	20	2	中国中投证券有限责任公司

表 3-22　三年期分析师预测准确性评价—最佳表现（2015.05.01—2018.04.30）
行业：可选消费—零售业

分析师姓名	最佳表现排名	平均跟踪股票数量	所属证券公司
郭海燕	1	13	中国国际金融股份有限公司
李锦	2	11	长江证券股份有限公司
周羽	3	12	中信证券股份有限公司
唐佳睿	4	28	光大证券股份有限公司
訾猛	5	18	国泰君安证券股份有限公司
刘章明	6	17	天风证券股份有限公司
洪涛	7	17	广发证券股份有限公司
汪立亭	8	18	海通证券股份有限公司
樊俊豪	9	12	中国国际金融股份有限公司
陈彦辛	10	16	国泰君安证券股份有限公司
王俊杰	11	11	上海申银万国证券研究所有限公司
徐晓芳	12	10	中信证券股份有限公司
许世刚	13	10	华泰证券股份有限公司
李强	14	5	东北证券股份有限公司
鄢鹏	15	1	中信证券股份有限公司
王晴	16	13	海通证券股份有限公司
李跃博	17	2	兴业证券股份有限公司
孙妤	18	2	招商证券股份有限公司

（续表）

分析师姓名	最佳表现排名	平均跟踪股票数量	所属证券公司
周海晨	19	2	上海申银万国证券研究所有限公司
张镭	20	2	中国中投证券有限责任公司

在 2015 年 5 月 1 日至 2018 年 4 月 30 日这三年的期间内，持续跟踪可选消费—零售业行业并作出每股收益预测的分析师有 41 名。由表 3-21、表 3-22 可以看出，从平均预测准确性角度来看，排在前五名的分析师分别是：中信证券股份有限公司的鄢鹏、中国国际金融股份有限公司的郭海燕、光大证券股份有限公司的唐佳睿、上海申银万国证券研究所有限公司的周海晨和兴业证券股份有限公司的李跃博。从最佳预测准确性角度来看，排在前五名的分析师分别是：中国国际金融股份有限公司的郭海燕、长江证券股份有限公司的李锦、中信证券股份有限公司的周羽、光大证券股份有限公司的唐佳睿和国泰君安证券股份有限公司的訾猛。

表 3-23　三年期分析师预测准确性评价—平均表现(2015.05.01—2018.04.30)

行业：工业—交通运输

分析师姓名	平均表现排名	平均跟踪股票数量	所属证券公司
杨鑫	1	26	中国国际金融股份有限公司
郑武	2	8	国泰君安证券股份有限公司
岳鑫	3	7	国泰君安证券股份有限公司
苏宝亮	4	24	国金证券股份有限公司
沈晓峰	5	16	华泰证券股份有限公司
陈慎	6	1	中信建投证券股份有限公司
姜明	7	27	天风证券股份有限公司
韩轶超	8	24	长江证券股份有限公司
龚里	9	30	兴业证券股份有限公司
常涛	10	22	招商证券股份有限公司
吴一凡	11	20	华创证券有限责任公司
刘正	12	15	中信证券股份有限公司
张宇	13	2	海通证券股份有限公司
张晓云	14	10	兴业证券股份有限公司
虞楠	15	14	海通证券股份有限公司

(续表)

分析师姓名	平均表现排名	平均跟踪股票数量	所属证券公司
李师庆	16	4	民生证券股份有限公司
谢建斌	17	1	上海申银万国证券研究所有限公司
王晓艳	18	22	东北证券股份有限公司
章 晶	19	2	辉立证券集团
吴彦丰	20	9	中信证券股份有限公司

表 3-24　三年期分析师预测准确性评价—最佳表现(2015.05.01—2018.04.30)
行业：工业—交通运输

分析师姓名	最佳表现排名	平均跟踪股票数量	所属证券公司
苏宝亮	1	24	国金证券股份有限公司
龚 里	2	30	兴业证券股份有限公司
刘 正	3	15	中信证券股份有限公司
杨 鑫	4	26	中国国际金融股份有限公司
沈晓峰	5	16	华泰证券股份有限公司
姜 明	6	27	天风证券股份有限公司
王晓艳	7	22	东北证券股份有限公司
常 涛	8	22	招商证券股份有限公司
吴一凡	9	20	华创证券有限责任公司
韩轶超	10	24	长江证券股份有限公司
岳 鑫	11	7	国泰君安证券股份有限公司
张晓云	12	10	兴业证券股份有限公司
虞 楠	13	14	海通证券股份有限公司
郑 武	14	8	国泰君安证券股份有限公司
陈 卓	15	14	招商证券股份有限公司
吴彦丰	16	9	中信证券股份有限公司
陆 达	17	19	上海申银万国证券研究所有限公司
王春环	18	7	兴业证券股份有限公司
罗江南	19	16	上海申银万国证券研究所有限公司
李师庆	20	4	民生证券股份有限公司

　　在 2015 年 5 月 1 日至 2018 年 4 月 30 日这三年的期间内,持续跟踪工业—交通运输行业并作出每股收益预测的分析师有 26 名。由表 3-23、表 3-24 可以看出,从平均预测准确性角度来看,排在前五名的分析师分别是:中国国际金融股份有限公司的杨鑫、国泰君安证券股份有限公司的郑武、国泰君安证券股份有限公司的岳鑫、国金证券股份有限公司的苏宝亮和华泰证券股份有限公司的沈晓峰。从最佳预测准确性角度来看,排在前五名的分析师分别是:国金证券股份有限公司的苏宝亮、兴业证券股份有限公司的龚里、中信证券股份有限公司的刘正、中国国际金融股份有限公司的杨鑫和华泰证券股份有限公司的沈晓峰。

表 3-25　三年期分析师预测准确性评价—平均表现(2015.05.01—2018.04.30)
行业:工业—商业服务与用品

分析师姓名	平均表现排名	平均跟踪股票数量	所属证券公司
祖国鹏	1	1	中信证券股份有限公司
刘晓宁	2	3	上海申银万国证券研究所有限公司
赵湘怀	3	2	安信证券股份有限公司
施红梅	4	1	东方证券股份有限公司
王 璐	5	2	上海申银万国证券研究所有限公司
刘 言	6	1	西南证券股份有限公司
董宜安	7	3	上海申银万国证券研究所有限公司
瞿永忠	8	2	东北证券股份有限公司
赵越峰	9	1	东方证券股份有限公司
孙 妤	10	1	招商证券股份有限公司
杨志威	11	2	中银国际证券有限责任公司
郭海燕	12	3	中国国际金融股份有限公司
周文波	13	3	安信证券股份有限公司
龚 里	14	2	兴业证券股份有限公司
訾 猛	15	4	国泰君安证券股份有限公司
李俊松	16	3	中信建投证券股份有限公司
笃 慧	17	2	中泰证券股份有限公司
樊俊豪	18	4	中国国际金融股份有限公司
陈 筱	19	2	国泰君安证券股份有限公司
鲍荣富	20	4	华泰证券股份有限公司

表 3-26   三年期分析师预测准确性评价—最佳表现(2015.05.01—2018.04.30)
行业：工业—商业服务与用品

分析师姓名	最佳表现排名	平均跟踪股票数量	所属证券公司
谭 倩	1	2	国海证券股份有限公司
樊俊豪	2	4	中国国际金融股份有限公司
刘晓宁	3	3	上海申银万国证券研究所有限公司
訾 猛	4	4	国泰君安证券股份有限公司
花小伟	5	5	中信建投证券股份有限公司
王 璐	6	2	上海申银万国证券研究所有限公司
龚 里	7	2	兴业证券股份有限公司
揭 力	8	4	国金证券股份有限公司
王小勇	9	4	新时代证券股份有限公司
陈 筱	10	2	国泰君安证券股份有限公司
徐林锋	11	3	方正证券股份有限公司
王俊杰	12	3	上海申银万国证券研究所有限公司
雒雅梅	13	4	兴业证券股份有限公司
唐 笑	14	5	天风证券股份有限公司
赵湘怀	15	2	安信证券股份有限公司
董宜安	16	3	上海申银万国证券研究所有限公司
鲍荣富	17	4	华泰证券股份有限公司
瞿永忠	18	2	东北证券股份有限公司
夏 天	19	5	中泰证券股份有限公司
马 科	20	2	民生证券股份有限公司

在 2015 年 5 月 1 日至 2018 年 4 月 30 日这三年的期间内,持续跟踪工业—商业服务与用品行业并作出每股收益预测的分析师有 77 名。由表 3-25、表 3-26 可以看出,从平均预测准确性角度来看,排在前五名的分析师分别是：中信证券股份有限公司的祖国鹏、上海申银万国证券研究所有限公司的刘晓宁、安信证券股份有

限公司的赵湘怀、东方证券股份有限公司的施红梅和上海申银万国证券研究所有
限公司的王璐。从最佳预测准确性角度来看,排在前五名的分析师分别是:国海
证券股份有限公司的谭倩、中国国际金融股份有限公司的樊俊豪、上海申银万国证
券研究所有限公司的刘晓宁、国泰君安证券股份有限公司的訾猛和中信建投证券
股份有限公司的花小伟。

表 3-27 三年期分析师预测准确性评价——平均表现(2015.05.01—2018.04.30)

行业:工业—资本品1(含工业集团企业、建筑与工程、建筑产品)

分析师姓名	平均表现排名	平均跟踪股票数量	所属证券公司
张 龙	1	6	安信证券股份有限公司
谢 璐	2	3	广发证券股份有限公司
石 亮	3	1	招商证券股份有限公司
陶贻功	4	5	民生证券股份有限公司
余 兵	5	1	平安证券股份有限公司
陈浩武	6	9	光大证券股份有限公司
邱友锋	7	8	海通证券股份有限公司
吴慧敏	8	21	中国国际金融股份有限公司
李华丰	9	4	兴业证券股份有限公司
钱佳佳	10	4	海通证券股份有限公司
杜市伟	11	13	海通证券股份有限公司
花小伟	12	2	中信建投证券股份有限公司
杨 涛	13	15	国盛证券有限责任公司
王小勇	14	20	新时代证券股份有限公司
陈 笑	15	22	国泰君安证券股份有限公司
鲍荣富	16	29	华泰证券股份有限公司
杨 侃	17	2	民生证券股份有限公司
范 超	18	31	长江证券股份有限公司
邹 戈	19	3	广发证券股份有限公司
夏 天	20	26	国盛证券有限责任公司

表 3-28　三年期分析师预测准确性评价—最佳表现（2015.05.01—2018.04.30）

行业：工业—资本品 1（含工业集团企业、建筑与工程、建筑产品）

分析师姓名	最佳表现排名	平均跟踪股票数量	所属证券公司
夏　天	1	26	国盛证券有限责任公司
吴慧敏	2	21	中国国际金融股份有限公司
唐　笑	3	34	天风证券股份有限公司
王小勇	4	20	新时代证券股份有限公司
鲍荣富	5	29	华泰证券股份有限公司
杨　涛	6	15	国盛证券有限责任公司
孟　杰	7	30	兴业证券股份有限公司
李　杨	8	21	上海申银万国证券研究所有限公司
张　龙	9	6	安信证券股份有限公司
李华丰	10	4	兴业证券股份有限公司
杜市伟	11	13	海通证券股份有限公司
范　超	12	31	长江证券股份有限公司
徐慧强	13	15	国泰君安证券股份有限公司
陈　笑	14	22	国泰君安证券股份有限公司
苏多永	15	19	安信证券股份有限公司
严晓情	16	8	平安证券股份有限公司
陈浩武	17	9	光大证券股份有限公司
邱友锋	18	8	海通证券股份有限公司
赵军胜	19	5	东兴证券股份有限公司
黄　骥	20	23	华泰证券股份有限公司

在 2015 年 5 月 1 日至 2018 年 4 月 30 日这三年的期间内，持续跟踪工业—资本品 1（含工业集团企业、建筑与工程、建筑产品）行业并作出每股收益预测的分析师有 45 名。由表 3-27、表 3-28 可以看出，从平均预测准确性角度来看，排在前五名的分析师分别是：安信证券股份有限公司的张龙、广发证券股份有限公司的谢

璐、招商证券股份有限公司的石亮、民生证券股份有限公司的陶贻功和平安证券股份有限公司的余兵。从最佳预测准确性角度来看,排在前五名的分析师分别是:国盛证券有限责任公司的夏天、中国国际金融股份有限公司的吴慧敏、天风证券股份有限公司的唐笑、新时代证券股份有限公司的王小勇的华泰证券股份有限公司的鲍荣富。

表3-29 三年期分析师预测准确性评价—平均表现(2015.05.01—2018.04.30)
行业:工业—资本品2(机械制造)

分析师姓名	平均表现排名	平均跟踪股票数量	所属证券公司
王 璐	1	3	上海申银万国证券研究所有限公司
董宜安	2	2	上海申银万国证券研究所有限公司
龚斯闻	3	1	东北证券股份有限公司
曾朵红	4	1	东吴证券股份有限公司
张立聪	5	3	安信证券股份有限公司
周 涛	6	2	太平洋证券股份有限公司
徐若旭	7	1	上海申银万国证券研究所有限公司
余 兵	8	9	平安证券有限责任公司
王祎佳	9	2	中信建投证券股份有限公司
刘晓宁	10	6	上海申银万国证券研究所有限公司
马 科	11	1	民生证券股份有限公司
奉 玮	12	4	中国国际金融股份有限公司
马 松	13	15	国联证券股份有限公司
笃 慧	14	4	中泰证券股份有限公司
马宝德	15	2	国联证券股份有限公司
范海波	16	5	信达证券股份有限公司
杜 茜	17	3	北京高华证券有限责任公司
钟 奇	18	2	海通证券股份有限公司
丁士涛	19	3	信达证券股份有限公司
苏 晨	20	3	兴业证券股份有限公司

表 3-30　三年期分析师预测准确性评价—最佳表现（2015.05.01—2018.04.30）
行业：工业—资本品 2（机械制造）

分析师姓名	最佳表现排名	平均跟踪股票数量	所属证券公司
刘　荣	1	32	招商证券股份有限公司
罗立波	2	36	广发证券股份有限公司
谭　倩	3	11	国海证券股份有限公司
吕　娟	4	30	方正证券股份有限公司
王华君	5	25	中泰证券股份有限公司
马　松	6	15	国联证券股份有限公司
吴慧敏	7	30	中国国际金融股份有限公司
陈显帆	8	31	东吴证券股份有限公司
刘　军	9	26	东北证券股份有限公司
曲小溪	10	23	长城证券股份有限公司
黄　琨	11	20	国泰君安证券股份有限公司
章　诚	12	19	华泰证券股份有限公司
成尚汶	13	38	兴业证券股份有限公司
刘海博	14	11	中信证券股份有限公司
冯　胜	15	20	国海证券股份有限公司
余　兵	16	9	平安证券有限责任公司
刘芷冰	17	8	中信证券股份有限公司
张仲杰	18	22	华金证券股份有限公司
房　青	19	4	海通证券股份有限公司
高　鹏	20	14	方正证券股份有限公司

在 2015 年 5 月 1 日至 2018 年 4 月 30 日这三年的期间内，持续跟踪工业—资本品 2（机械制造）行业并作出每股收益预测的分析师有 123 名。由表 3-29、表 3-30 可以看出，从平均预测准确性角度来看，排在前五名的分析师分别是：上海申银万国证券研究所有限公司的王璐、上海申银万国证券研究所有限公司的董宜安、

东北证券股份有限公司的龚斯闻、东吴证券股份有限公司的曾朵红和安信证券股份有限公司的张立聪。从最佳预测准确性角度来看,排在前五名的分析师分别是:招商证券股份有限公司的刘荣、广发证券股份有限公司的罗立波、国海证券股份有限公司的谭倩、方正证券股份有限公司的吕娟和中泰证券股份有限公司的王华君。

表 3-31 三年期分析师预测准确性评价—平均表现(2015.05.01—2018.04.30)

行业:工业—资本品4(电气设备)

分析师姓名	平均表现排名	平均跟踪股票数量	所属证券公司
刘海博	1	1	中信证券股份有限公司
罗立波	2	1	广发证券股份有限公司
范海波	3	2	信达证券股份有限公司
刘文平	4	1	招商证券股份有限公司
马 松	5	3	国联证券股份有限公司
刘 磊	6	1	海通证券股份有限公司
吴 杰	7	1	海通证券股份有限公司
郑丹丹	8	13	浙商证券股份有限公司
房 青	9	19	海通证券股份有限公司
陈 龙	10	16	中国国际金融股份有限公司
郑闵钢	11	9	东兴证券股份有限公司
刘晓宁	12	20	上海申银万国证券研究所有限公司
曾朵红	13	25	东吴证券股份有限公司
雒 文	14	6	中国国际金融股份有限公司
李 伟	15	1	中泰证券股份有限公司
张 帅	16	8	国金证券股份有限公司
陈宇轩	17	1	东北证券股份有限公司
王祎佳	18	2	华创证券有限责任公司
季 超	19	17	中国国际金融股份有限公司
丁士涛	20	1	信达证券股份有限公司

表 3-32　三年期分析师预测准确性评价—最佳表现(2015.05.01—2018.04.30)
行业：工业—资本品 4(电气设备)

分析师姓名	最佳表现排名	平均跟踪股票数量	所属证券公司
曾朵红	1	25	东吴证券股份有限公司
华　巍	2	5	群益证券(香港)有限公司
房　青	3	19	海通证券股份有限公司
龚斯闻	4	16	东北证券股份有限公司
弓永峰	5	11	中信证券股份有限公司
郑丹丹	6	13	浙商证券股份有限公司
陈　龙	7	16	中国国际金融股份有限公司
陈子坤	8	14	广发证券股份有限公司
谭　倩	9	25	国海证券股份有限公司
季　超	10	17	中国国际金融股份有限公司
徐　伟	11	15	中信建投证券股份有限公司
沈　成	12	17	中银国际证券股份有限公司
邬博华	13	19	长江证券股份有限公司
马　松	14	3	国联证券股份有限公司
谭志勇	15	8	华金证券股份有限公司
郭荆璞	16	9	信达证券股份有限公司
顾一弘	17	15	东北证券股份有限公司
张　帅	18	8	国金证券股份有限公司
马宝德	19	14	国联证券股份有限公司
游家训	20	20	招商证券股份有限公司

在 2015 年 5 月 1 日至 2018 年 4 月 30 日这三年的期间内,持续跟踪工业—资本品 4(电气设备)行业并作出每股收益预测的分析师有 90 名。由表 3-31、表 3-32 可以看出,从平均预测准确性角度来看,排在前五名的分析师分别是:中信证券股份有限公司的刘海博、广发证券股份有限公司的罗立波、信达证券股份有限公司的

范海波、招商证券股份有限公司的刘文平和国联证券股份有限公司的马松。从最佳预测准确性角度来看,排在前五名的分析师分别是：东吴证券股份有限公司的曾朵红、群益证券(香港)有限公司的华巍、海通证券股份有限公司的房青、东北证券股份有限公司的龚斯闻和中信证券股份有限公司的弓永峰。

表3-33　三年期分析师预测准确性评价—平均表现(2015.05.01—2018.04.30)

行业：工业—资本品5(航空航天与国防)

分析师姓名	平均表现排名	平均跟踪股票数量	所属证券公司
冯　胜	1	2	国海证券股份有限公司
范海波	2	2	信达证券股份有限公司
笃　慧	3	2	中泰证券股份有限公司
傅楚雄	4	5	中国银河证券股份有限公司
李　欣	5	3	中航证券有限公司
胡正洋	6	13	广发证券股份有限公司
邹润芳	7	6	天风证券股份有限公司
吴慧敏	8	10	中国国际金融股份有限公司
鞠厚林	9	5	中国银河证券股份有限公司
王宇飞	10	10	中国国际金融股份有限公司
刘　磊	11	9	海通证券股份有限公司
李　良	12	4	中国银河证券股份有限公司
韩振国	13	7	方正证券股份有限公司
陈显帆	14	2	东吴证券股份有限公司
田明华	15	1	光大证券股份有限公司
王华君	16	2	中泰证券股份有限公司
高　嵩	17	11	中信证券股份有限公司
王　超	18	7	招商证券股份有限公司
徐志国	19	15	海通证券股份有限公司
熊　军	20	2	东北证券股份有限公司

表 3-34 三年期分析师预测准确性评价—最佳表现(2015.05.01—2018.04.30)

行业：工业—资本品 5(航空航天与国防)

分析师姓名	最佳表现排名	平均跟踪股票数量	所属证券公司
韩振国	1	7	方正证券股份有限公司
吴慧敏	2	10	中国国际金融股份有限公司
胡正洋	3	13	广发证券股份有限公司
傅楚雄	4	5	中国银河证券股份有限公司
范海波	5	2	信达证券股份有限公司
高嵩	6	11	中信证券股份有限公司
邹润芳	7	6	天风证券股份有限公司
刘磊	8	9	海通证券股份有限公司
王宇飞	9	10	中国国际金融股份有限公司
王超	10	7	招商证券股份有限公司
徐志国	11	15	海通证券股份有限公司
李欣	12	3	中航证券有限公司
鞠厚林	13	5	中国银河证券股份有限公司
冯胜	14	2	国海证券股份有限公司
李良	15	4	中国银河证券股份有限公司
笃慧	16	2	中泰证券股份有限公司
王习	17	4	东兴证券股份有限公司
张仲杰	18	6	华金证券股份有限公司
张润毅	19	2	国泰君安证券股份有限公司
陈显帆	20	2	东吴证券股份有限公司

在 2015 年 5 月 1 日至 2018 年 4 月 30 日这三年的期间内，持续跟踪工业—资本品 5(航空航天与国防)行业并作出每股收益预测的分析师有 24 名。由表 3-33、表 3-34 可以看出，从平均预测准确性角度来看，排在前五名的分析师分别是：国海证券股份有限公司的冯胜、信达证券股份有限公司的范海波、中泰证券股份有限

公司的笃慧、中国银河证券股份有限公司的傅楚雄和中航证券有限公司的李欣。从最佳预测准确性角度来看,排在前五名的分析师分别是:方正证券股份有限公司的韩振国、中国国际金融股份有限公司的吴慧敏、广发证券股份有限公司的胡正洋、中国银河证券股份有限公司的傅楚雄和信达证券股份有限公司的范海波。

表 3-35 三年期分析师预测准确性评价—平均表现(2015.05.01—2018.04.30)

行业:电信业务—电信业务(含电信服务与通信设备)

分析师姓名	平均表现排名	平均跟踪股票数量	所属证券公司
高 鹏	1	1	方正证券股份有限公司
刘舜逢	2	2	平安证券股份有限公司
王 莉	3	1	东吴证券股份有限公司
胡嘉铭	4	3	群益证券(香港)有限公司
韩振国	5	4	方正证券股份有限公司
安永平	6	2	方正证券股份有限公司
顾海波	7	6	中信证券股份有限公司
胡誉镜	8	1	东方证券股份有限公司
张 骙	9	3	华泰证券股份有限公司
杨 云	10	1	浙商证券股份有限公司
蒋朝庆	11	2	平安证券股份有限公司
蒯 剑	12	1	东方证券股份有限公司
周伟佳	13	2	长城证券股份有限公司
周 炎	14	11	招商证券股份有限公司
王建伟	15	6	东北证券股份有限公司
邹润芳	16	2	天风证券股份有限公司
束海峰	17	11	华创证券有限责任公司
徐 力	18	9	东吴证券股份有限公司
王 林	19	11	招商证券股份有限公司
王宇飞	20	2	中国国际金融股份有限公司

表 3-36　三年期分析师预测准确性评价—最佳表现(2015.05.01—2018.04.30)

行业：电信业务—电信业务(含电信服务与通信设备)

分析师姓名	最佳表现排名	平均跟踪股票数量	所属证券公司
宋嘉吉	1	14	国泰君安证券股份有限公司
徐　力	2	9	东吴证券股份有限公司
唐海清	3	19	天风证券股份有限公司
顾海波	4	6	中信证券股份有限公司
朱劲松	5	12	海通证券股份有限公司
周　炎	6	11	招商证券股份有限公司
张　骙	7	3	华泰证券股份有限公司
田明华	8	10	光大证券股份有限公司
周　明	9	11	华泰证券股份有限公司
高　鹏	10	1	方正证券股份有限公司
韩振国	11	4	方正证券股份有限公司
王　林	12	11	招商证券股份有限公司
李　伟	13	10	中泰证券股份有限公司
胡嘉铭	14	3	群益证券(香港)有限公司
赵　成	15	9	财通证券股份有限公司
刘舜逢	16	2	平安证券股份有限公司
王建伟	17	6	东北证券股份有限公司
束海峰	18	11	华创证券有限责任公司
周伟佳	19	2	长城证券股份有限公司
余伟民	20	8	海通证券股份有限公司

　　在 2015 年 5 月 1 日至 2018 年 4 月 30 日这三年的期间内，持续跟踪电信业务—电信业务(含电信服务与通信设备)行业并作出每股收益预测的分析师有 55 名。由表 3-35、表 3-36 可以看出，从平均预测准确性角度来看，排在前五名的分析师分别是：方正证券股份有限公司的高鹏、平安证券股份有限公司的刘舜逢、东吴证

券股份有限公司的王莉、群益证券(香港)有限公司的胡嘉铭和方正证券股份有限公司的韩振国。从最佳预测准确性角度来看,排在前五名的分析师分别是:国泰君安证券股份有限公司的宋嘉吉、东吴证券股份有限公司的徐力、天风证券股份有限公司的唐海清、中信证券股份有限公司的顾海波和海通证券股份有限公司的朱劲松。

表3-37　三年期分析师预测准确性评价—平均表现(2015.05.01—2018.04.30)

行业:能源—能源

分析师姓名	平均表现排名	平均跟踪股票数量	所属证券公司
章　诚	1	1	华泰证券股份有限公司
张仲杰	2	2	华金证券股份有限公司
刘芷君	3	3	广发证券股份有限公司
陈　彦	4	4	中国国际金融股份有限公司
柴沁虎	5	3	东吴证券股份有限公司
李　佳	6	3	华创证券有限责任公司
王华君	7	3	中泰证券股份有限公司
安　鹏	8	17	广发证券股份有限公司
罗立波	9	3	广发证券股份有限公司
王　强	10	12	招商证券股份有限公司
董宇博	11	3	中国国际金融股份有限公司
吴慧敏	12	1	中国国际金融股份有限公司
关　滨	13	7	中国国际金融股份有限公司
王鹤涛	14	8	长江证券股份有限公司
肖群稀	15	1	华泰证券股份有限公司
祖国鹏	16	6	中信证券股份有限公司
刘晓宁	17	7	上海申银万国证券研究所有限公司
邵琳琳	18	2	安信证券股份有限公司
卢　平	19	16	招商证券股份有限公司
马　松	20	2	国联证券股份有限公司

表 3-38　三年期分析师预测准确性评价—最佳表现(2015.05.01—2018.04.30)

行业：能源—能源

分析师姓名	最佳表现排名	平均跟踪股票数量	所属证券公司
黄莉莉	1	8	中信证券股份有限公司
邓　勇	2	13	海通证券股份有限公司
关　滨	3	7	中国国际金融股份有限公司
罗立波	4	3	广发证券股份有限公司
王　强	5	12	招商证券股份有限公司
李俊松	6	12	中信建投证券股份有限公司
安　鹏	7	17	广发证券股份有限公司
卢　平	8	16	招商证券股份有限公司
刘晓宁	9	7	上海申银万国证券研究所有限公司
石　亮	10	7	招商证券股份有限公司
张樨樨	11	9	天风证券股份有限公司
赵　辰	12	3	东方证券股份有限公司
柴沁虎	13	3	东吴证券股份有限公司
陈　彦	14	4	中国国际金融股份有限公司
周　泰	15	10	安信证券股份有限公司
刘芷君	16	3	广发证券股份有限公司
沈　涛	17	17	广发证券股份有限公司
张仲杰	18	2	华金证券股份有限公司
杨　侃	19	6	民生证券股份有限公司
祖国鹏	20	6	中信证券股份有限公司

　　在 2015 年 5 月 1 日至 2018 年 4 月 30 日这三年的期间内,持续跟踪能源—能源行业并作出每股收益预测的分析师有 49 名。由表 3-37、表 3-38 可以看出,从平均预测准确性角度来看,排在前五名的分析师分别是:华泰证券股份有限公司的章诚、华金证券股份有限公司的张仲杰、广发证券股份有限公司的刘芷君、中国

国际金融股份有限公司的陈彦和东吴证券股份有限公司的柴沁虎。从最佳预测准确性角度来看,排在前五名的分析师分别是:中信证券股份有限公司的黄莉莉、海通证券股份有限公司的邓勇、中国国际金融股份有限公司的关滨、广发证券股份有限公司的罗立波和招商证券股份有限公司的王强。

表3-39 三年期分析师预测准确性评价—平均表现(2015.05.01—2018.04.30)

行业:金融地产—银行

分析师姓名	平均表现排名	平均跟踪股票数量	所属证券公司
蒲东君	1	3	长江证券股份有限公司
励雅敏	2	18	中银国际证券股份有限公司
马鲲鹏	3	11	招商证券股份有限公司
吴畏	4	17	兴业证券股份有限公司
万丽	5	2	交银国际证券有限公司
袁喆奇	6	18	中银国际证券股份有限公司
傅慧芳	7	11	兴业证券股份有限公司
邱冠华	8	10	国泰君安证券股份有限公司
屈俊	9	11	广发证券股份有限公司
刘志平	10	15	平安证券股份有限公司
李珊珊	11	2	交银国际证券有限公司
肖斐斐	12	13	中信证券股份有限公司
沐华	13	10	广发证券股份有限公司
沈娟	14	10	华泰证券股份有限公司
毛可君	15	8	上海申银万国证券研究所有限公司
张宇	16	8	国泰君安证券股份有限公司
林媛媛	17	8	海通证券股份有限公司
杨荣	18	13	中信建投证券股份有限公司
张明	19	5	华创证券有限责任公司

表 3-40　三年期分析师预测准确性评价—最佳表现(2015.05.01—2018.04.30)

行业：金融地产—银行

分析师姓名	最佳表现排名	平均跟踪股票数量	所属证券公司
励雅敏	1	18	中银国际证券股份有限公司
吴 畏	2	17	兴业证券股份有限公司
马鲲鹏	3	11	招商证券股份有限公司
刘志平	4	15	平安证券股份有限公司
袁喆奇	5	18	中银国际证券股份有限公司
邱冠华	6	10	国泰君安证券股份有限公司
肖斐斐	7	13	中信证券股份有限公司
傅慧芳	8	11	兴业证券股份有限公司
林媛媛	9	8	海通证券股份有限公司
万 丽	10	2	交银国际证券有限公司
沈 娟	11	10	华泰证券股份有限公司
李珊珊	12	2	交银国际证券有限公司
毛可君	13	8	上海申银万国证券研究所有限公司
蒲东君	14	3	长江证券股份有限公司
屈 俊	15	11	广发证券股份有限公司
沐 华	16	10	广发证券股份有限公司
张 宇	17	8	国泰君安证券股份有限公司
杨 荣	18	13	中信建投证券股份有限公司
张 明	19	5	华创证券有限责任公司

　　在 2015 年 5 月 1 日至 2018 年 4 月 30 日这三年的期间内,持续跟踪金融地产—银行行业并作出每股收益预测的分析师有 19 名。由表 3-39、表 3-40 可以看出,从平均预测准确性角度来看,排在前五名的分析师分别是：长江证券股份有限公司的蒲东君、中银国际证券股份有限公司的励雅敏、招商证券股份有限公司的马鲲鹏、兴业证券股份有限公司的吴畏和交银国际证券有限公司的万丽。从最佳预

测准确性角度来看,排在前五名的分析师分别是:中银国际证券股份有限公司的励雅敏、兴业证券股份有限公司的吴畏、招商证券股份有限公司的马鲲鹏、平安证券股份有限公司的刘志平和中银国际证券股份有限公司的袁喆奇。

表3-41 三年期分析师预测准确性评价—平均表现(2015.05.01—2018.04.30)
行业:金融地产—非银金融(含保险、资本市场、其他金融)

分析师姓名	平均表现排名	平均跟踪股票数量	所属证券公司
蒲东君	1	7	长江证券股份有限公司
周晶晶	2	8	长江证券股份有限公司
洪锦屏	3	16	华创证券有限责任公司
沈 娟	4	23	华泰证券股份有限公司
缴文超	5	11	平安证券股份有限公司
张经纬	6	8	东北证券股份有限公司
丁文韬	7	17	东吴证券股份有限公司
孙 婷	8	18	海通证券股份有限公司
王 胜	9	6	上海申银万国证券研究所有限公司
周晓萍	10	9	民生证券股份有限公司
王丛云	11	12	上海申银万国证券研究所有限公司
陈 雯	12	11	平安证券股份有限公司
王维逸	13	15	东吴证券股份有限公司
刘欣琦	14	18	国泰君安证券股份有限公司
孙立金	15	12	太平洋证券股份有限公司
胡 翔	16	10	东吴证券股份有限公司
田 良	17	6	中信证券股份有限公司
魏 涛	18	10	太平洋证券股份有限公司
齐瑞娟	19	10	国泰君安证券股份有限公司
童成墩	20	6	中信证券股份有限公司

表 3-42 三年期分析师预测准确性评价—最佳表现(2015.05.01—2018.04.30)
行业:金融地产—非银金融(含保险、资本市场、其他金融)

分析师姓名	最佳表现排名	平均跟踪股票数量	所属证券公司
洪锦屏	1	16	华创证券有限责任公司
孙婷	2	18	海通证券股份有限公司
赵湘怀	3	30	安信证券股份有限公司
沈娟	4	23	华泰证券股份有限公司
缴文超	5	11	平安证券股份有限公司
刘欣琦	6	18	国泰君安证券股份有限公司
周晶晶	7	8	长江证券股份有限公司
陈雯	8	11	平安证券股份有限公司
蒲东君	9	7	长江证券股份有限公司
王丛云	10	12	上海申银万国证券研究所有限公司
丁文韬	11	17	东吴证券股份有限公司
王维逸	12	15	东吴证券股份有限公司
周晓萍	13	9	民生证券股份有限公司
耿艳艳	14	10	国泰君安证券股份有限公司
孙立金	15	12	太平洋证券股份有限公司
王胜	16	6	上海申银万国证券研究所有限公司
张经纬	17	8	东北证券股份有限公司
田良	18	6	中信证券股份有限公司
吴畏	19	9	兴业证券股份有限公司
齐瑞娟	20	10	国泰君安证券股份有限公司

在 2015 年 5 月 1 日至 2018 年 4 月 30 日这三年的期间内,持续跟踪金融地产—非银金融(含保险、资本市场、其他金融)行业并作出每股收益预测的分析师有 31 名。由表 3-41、表 3-42 可以看出,从平均预测准确性角度来看,排在前五名的分析师分别是:长江证券股份有限公司的蒲东君、长江证券股份有限公司的周晶晶、华创证券有限责任公司的洪锦屏、华泰证券股份有限公司的沈娟和平安证券股

份有限公司的缴文超。从最佳预测准确性角度来看,排在前五名的分析师分别是:华创证券有限责任公司的洪锦屏、海通证券股份有限公司的孙婷、安信证券股份有限公司的赵湘怀、华泰证券股份有限公司的沈娟和平安证券股份有限公司的缴文超。

表 3-43 三年期分析师预测准确性评价—平均表现(2015.05.01—2018.04.30)
行业:金融地产—房地产

分析师姓名	平均表现排名	平均跟踪股票数量	所属证券公司
刘越男	1	1	国泰君安证券股份有限公司
赵湘怀	2	3	安信证券股份有限公司
王毅成	3	1	国泰君安证券股份有限公司
冯 胜	4	1	国海证券股份有限公司
刘章明	5	3	天风证券股份有限公司
刘 璐	6	6	中信建投证券股份有限公司
杨 侃	7	13	平安证券股份有限公司
陈 慎	8	20	中信建投证券股份有限公司
赵 可	9	8	招商证券股份有限公司
陈 聪	10	13	中信证券股份有限公司
郭海燕	11	1	中国国际金融股份有限公司
区瑞明	12	12	国信证券股份有限公司
袁 豪	13	15	华创证券有限责任公司
郭 泰	14	4	中国中投证券有限责任公司
乐加栋	15	24	广发证券股份有限公司
涂力磊	16	47	海通证券股份有限公司
王立洲	17	7	西南证券股份有限公司
高 建	18	7	东北证券股份有限公司
范海波	19	1	信达证券股份有限公司
郑闵钢	20	25	东兴证券股份有限公司

表 3-44 三年期分析师预测准确性评价—最佳表现(2015.05.01—2018.04.30)
行业：金融地产—房地产

分析师姓名	最佳表现排名	平均跟踪股票数量	所属证券公司
陈 慎	1	20	中信建投证券股份有限公司
涂力磊	2	47	海通证券股份有限公司
郑闵钢	3	25	东兴证券股份有限公司
陈 聪	4	13	中信证券股份有限公司
袁 豪	5	15	华创证券有限责任公司
杨 侃	6	13	平安证券股份有限公司
侯丽科	7	14	国泰君安证券股份有限公司
胡华如	8	17	西南证券股份有限公司
区瑞明	9	12	国信证券股份有限公司
阎常铭	10	17	兴业证券股份有限公司
陈天诚	11	18	天风证券股份有限公司
赵湘怀	12	3	安信证券股份有限公司
谢皓宇	13	5	国泰君安证券股份有限公司
乐加栋	14	24	广发证券股份有限公司
王立洲	15	7	西南证券股份有限公司
李少明	16	15	中国中投证券有限责任公司
申思聪	17	9	长江证券股份有限公司
刘 璐	18	6	中信建投证券股份有限公司
谢 盐	19	21	海通证券股份有限公司
贾亚童	20	14	华泰证券股份有限公司

在 2015 年 5 月 1 日至 2018 年 4 月 30 日这三年的期间内,持续跟踪金融地产—房地产行业并作出每股收益预测的分析师有 38 名。由表 3-43、表 3-44 可以看出,从平均预测准确性角度来看,排在前五名的分析师分别是:国泰君安证券股份有限公司的刘越男、安信证券股份有限公司的赵湘怀、国泰君安证券股份有限公司

的王毅成、国海证券股份有限公司的冯胜和天风证券股份有限公司的刘章明。从最佳预测准确性角度来看,排在前五名的分析师分别是：中信建投证券股份有限公司的陈慎、海通证券股份有限公司的涂力磊、东兴证券股份有限公司的郑闵钢、中信证券股份有限公司的陈聪和华创证券有限责任公司的袁豪。

4 五年期证券分析师预测准确性评价

4.1 数据来源与样本说明

五年期证券分析师预测准确性评价的数据期间为 2013 年 5 月 1 日至 2018 年 4 月 30 日。所有分析师预测数据来源于 CSMAR 数据库,涉及指标包括分析师姓名、分析师编码、所属证券公司名称、预测公司证券代码、证券简称、预测终止日、预测每股收益及实际每股收益。

在对五年期证券分析师预测准确性进行评价时,我们对分析师初始研究报告及预测数据按照如下原则进行剔除:(1)剔除针对非 A 股上市公司的研究报告;(2)剔除未对公司每股收益进行预测的研究报告;(3)分析师同一预测期间内进行多次每股收益预测时,保留该预测期间内最后一次每股收益预测;(4)同一研究报告中对未来多期每股收益进行预测时,保留最近一期每股收益预测。此外,在五年期证券分析师预测准确性评价中,我们仅对连续在行业内执业满五年的分析师进行了排名。

经上述筛选后,我们最终得到参与五年期证券分析师准确性评价的分析师共391 名。其中,主要消费—食品、饮料与烟草(除农牧渔产品)行业 32 名、信息技术—信息技术(含半导体、计算机及电子设备、计算机运用)行业 76 名、公用事业—公用事业行业 11 名、医药卫生—医药卫生(含医疗器械与服务、医药生物)行业 36 名、原材料—原材料 1(含化学制品、化学原料)行业 54 名、原材料—原材料 2(含建筑材料、有色金属、钢铁、非金属采矿及制品)行业 28 名、原材料—轻工(含家庭与个人用品、容器与包装、纸类与林业产品)行业 15 名、可选消费—传媒行业 12 名、可选消费—汽车与汽车零部件行业 23 名、可选消费—消费者服务、耐用消费品与服装行业 62 名、可选消费—零售业行业 20 名、工业—交通运输行业 11 名、工业—商业服务与用品行业 22 名、工业—资本品 1(含工业集团企业、建筑与工程、建筑产品)行业 19 名、工业—资本品 2(机械制造)行业 43 名、工业—资本品 4(电气设备)行业 20 名、工业—资本品 5(航空航天与国防)行业 8 名、电信业务—电信业务(含电信服务与通信设备)行业 18 名、能源—能源行业 27 名、金融地产—银行行业

9 名、金融地产—非银金融(含保险、资本市场、其他金融)行业 14 名、金融地产—房地产行业 20 名[①]。

4.2   五年期证券分析师预测准确性评价结果

我们按照第一章介绍的计算方法,首先计算出各行业内每位分析师各年度每股收益预测的平均表现得分及最佳表现得分,在此基础上对分析师在行业内五年表现(平均表现和最佳表现两个维度)得分求平均,按照五年平均标准分由低到高进行排序[②],若标准分相同,平均跟踪行业公司数量多的优先,若仍相同,按分析师姓名排序。按上述方法得到五年期的分行业证券分析师预测准确性排名如下,因篇幅所限,我们只列示了各行业内排名前 10 名的分析师,若不足 10 名,则全部列示。

表 4-1   五年期分析师预测准确性评价—平均表现(2013. 05. 01—2018. 04. 30)

行业:主要消费—食品、饮料与烟草(除农牧渔产品)

分析师姓名	平均表现排名	平均跟踪股票数量	所属证券公司
文　献	1	24	平安证券股份有限公司
于　杰	2	15	国金证券股份有限公司
廖绪发	3	6	北京高华证券有限责任公司
汤玮亮	4	21	中银国际证券股份有限公司
丁　频	5	13	海通证券股份有限公司
胡春霞	6	20	国泰君安证券股份有限公司
李晓璐	7	7	群益证券(香港)有限公司
袁霏阳	8	31	中国国际金融股份有限公司
董广阳	9	21	招商证券股份有限公司
王永锋	10	24	广发证券股份有限公司

---

①   因存在同一分析师跟踪不同行业的情况,因此证券分析师总数与各行业分析师数量加总数不一致。

②   标准分越低,预测误差相对越小,预测准确度相对越高。

表 4-2　五年期分析师预测准确性评价—最佳表现(2013.05.01—2018.04.30)
行业：主要消费—食品、饮料与烟草(除农牧渔产品)

分析师姓名	最佳表现排名	平均跟踪股票数量	所属证券公司
文　献	1	24	平安证券股份有限公司
袁霏阳	2	31	中国国际金融股份有限公司
王永锋	3	24	广发证券股份有限公司
董广阳	4	21	招商证券股份有限公司
陈嵩昆	5	23	兴业证券股份有限公司
胡春霞	6	20	国泰君安证券股份有限公司
余春生	7	22	国海证券股份有限公司
黄付生	8	37	太平洋证券股份有限公司
汤玮亮	9	21	中银国际证券股份有限公司
马浩博	10	23	东吴证券股份有限公司

在 2013 年 5 月 1 日至 2018 年 4 月 30 日这五年的期间内,持续跟踪主要消费—食品、饮料与烟草(除农牧渔产品)行业并作出每股收益预测的分析师有 32 名。由表 4-1、表 4-2 可以看出,从平均预测准确性角度来看,排在前五名的分析师分别是：平安证券股份有限公司的文献、国金证券股份有限公司的于杰、北京高华证券有限责任公司的廖绪发、中银国际证券股份有限公司的汤玮亮和海通证券股份有限公司的丁频。从最佳预测准确性角度来看,排在前五名的分析师分别是：平安证券股份有限公司的文献、中国国际金融股份有限公司的袁霏阳、广发证券股份有限公司的王永锋、招商证券股份有限公司的董广阳和兴业证券股份有限公司的陈嵩昆。

表 4-3　五年期分析师预测准确性评价—平均表现(2013.05.01—2018.04.30)
行业：信息技术—信息技术(含半导体、计算机及电子设备、计算机运用)

分析师姓名	平均表现排名	平均跟踪股票数量	所属证券公司
冯福章	1	2	安信证券股份有限公司
张　涛	2	3	上海证券有限责任公司
吕　娟	3	3	方正证券股份有限公司

（续表）

分析师姓名	平均表现排名	平均跟踪股票数量	所属证券公司
顾　佳	4	7	招商证券股份有限公司
鞠厚林	5	3	中国银河证券股份有限公司
郭丽丽	6	1	方正证券股份有限公司
刘晓宁	7	4	上海申银万国证券研究所有限公司
吴　漪	8	2	信达证券股份有限公司
鲍荣富	9	1	华泰证券股份有限公司
朱吉翔	10	10	群益证券(香港)有限公司

表 4-4　五年期分析师预测准确性评价—最佳表现(2013.05.01—2018.04.30)
行业：信息技术—信息技术(含半导体、计算机及电子设备、计算机运用)

分析师姓名	最佳表现排名	平均跟踪股票数量	所属证券公司
袁煜明	1	40	兴业证券股份有限公司
胡又文	2	48	安信证券股份有限公司
卢　婷	3	24	中国国际金融股份有限公司
张　骔	4	18	华泰证券股份有限公司
刘　亮	5	28	兴业证券股份有限公司
郑宏达	6	33	海通证券股份有限公司
马先文	7	28	长江证券股份有限公司
朱吉翔	8	10	群益证券(香港)有限公司
孔令峰	9	20	国海证券股份有限公司
刘雪峰	10	29	广发证券股份有限公司

　　在2013年5月1日至2018年4月30日这五年的期间内，持续跟踪信息技术—信息技术(含半导体、计算机及电子设备、计算机运用)行业并作出每股收益预测的分析师有76名。由表4-3、表4-4可以看出，从平均预测准确性角度来看，排在前五名的分析师分别是：安信证券股份有限公司的冯福章、上海证券有限责任公司的张涛、方正证券股份有限公司的吕娟、招商证券股份有限公司的顾佳和中国银河证券股份有限公司的鞠厚林。从最佳预测准确性角度来看，排在前五名的分析

师分别是：兴业证券股份有限公司的袁煜明、安信证券股份有限公司的胡又文、中国国际金融股份有限公司的卢婷、华泰证券股份有限公司的张骥和兴业证券股份有限公司的刘亮。

表4-5　五年期分析师预测准确性评价—平均表现(2013.05.01—2018.04.30)
行业：公用事业—公用事业

分析师姓名	平均表现排名	平均跟踪股票数量	所属证券公司
范海波	1	2	信达证券股份有限公司
冀丽俊	2	7	上海证券有限责任公司
刘晓宁	3	21	上海申银万国证券研究所有限公司
崔霖	4	10	中信证券股份有限公司
张晨	5	5	招商证券股份有限公司
吴漪	6	2	信达证券股份有限公司
邵琳琳	7	8	安信证券股份有限公司
谭倩	8	5	国海证券股份有限公司
郭丽丽	9	6	方正证券股份有限公司
汪洋	10	9	兴业证券股份有限公司

表4-6　五年期分析师预测准确性评价—最佳表现(2013.05.01—2018.04.30)
行业：公用事业—公用事业

分析师姓名	最佳表现排名	平均跟踪股票数量	所属证券公司
刘晓宁	1	21	上海申银万国证券研究所有限公司
汪洋	2	9	兴业证券股份有限公司
冀丽俊	3	7	上海证券有限责任公司
崔霖	4	10	中信证券股份有限公司
范海波	5	2	信达证券股份有限公司
邵琳琳	6	8	安信证券股份有限公司
张晨	7	5	招商证券股份有限公司
郭鹏	8	10	广发证券股份有限公司
郭丽丽	9	6	方正证券股份有限公司
谭倩	10	5	国海证券股份有限公司

　　在 2013 年 5 月 1 日至 2018 年 4 月 30 日这五年的期间内,持续跟踪公用事业
—公用事业行业并作出每股收益预测的分析师有 11 名。由表 4-5、表 4-6 可以看
出,从平均预测准确性角度来看,排在前五名的分析师分别是:信达证券股份有限
公司的范海波、上海证券有限责任公司的冀丽俊、上海申银万国证券研究所有限公
司的刘晓宁、中信证券股份有限公司的崔霖和招商证券股份有限公司的张晨。从
最佳预测准确性角度来看,排在前五名的分析师分别是:上海申银万国证券研究
所有限公司的刘晓宁、兴业证券股份有限公司的汪洋、上海证券有限责任公司的冀
丽俊、中信证券股份有限公司的崔霖和信达证券股份有限公司的范海波。

表 4-7　五年期分析师预测准确性评价—平均表现(2013.05.01—2018.04.30)
　　　　行业: 医药卫生—医药卫生(含医疗器械与服务、医药生物)

分析师姓名	平均表现排名	平均跟踪股票数量	所属证券公司
徐佳熹	1	47	兴业证券股份有限公司
季序我	2	20	东方证券股份有限公司
赵金厚	3	4	上海申银万国证券研究所有限公司
杨烨辉	4	37	天风证券股份有限公司
赵浩然	5	7	长城证券股份有限公司
叶　寅	6	23	平安证券股份有限公司
强　静	7	33	中国国际金融股份有限公司
陈　娇	8	5	兴业证券股份有限公司
邹　朋	9	29	中国国际金融股份有限公司
屠炜颖	10	11	中国国际金融股份有限公司

表 4-8　五年期分析师预测准确性评价—最佳表现(2013.05.01—2018.04.30)
　　　　行业: 医药卫生—医药卫生(含医疗器械与服务、医药生物)

分析师姓名	最佳表现排名	平均跟踪股票数量	所属证券公司
徐佳熹	1	47	兴业证券股份有限公司
江维娜	2	29	国信证券股份有限公司
强　静	3	33	中国国际金融股份有限公司
崔文亮	4	24	安信证券股份有限公司
朱国广	5	51	西南证券股份有限公司
李敬雷	6	23	国金证券股份有限公司

（续表）

分析师姓名	最佳表现排名	平均跟踪股票数量	所属证券公司
杨烨辉	7	37	天风证券股份有限公司
刘舒畅	8	37	东北证券股份有限公司
季序我	9	20	东方证券股份有限公司
罗佳荣	10	20	广发证券股份有限公司

在 2013 年 5 月 1 日至 2018 年 4 月 30 日这五年的期间内，持续跟踪医药卫生—医药卫生（含医疗器械与服务、医药生物）行业并作出每股收益预测的分析师有 36 名。由表 4-7、表 4-8 可以看出，从平均预测准确性角度来看，排在前五名的分析师分别是：兴业证券股份有限公司的徐佳熹、东方证券股份有限公司的季序我、上海申银万国证券研究所有限公司的赵金厚、天风证券股份有限公司的杨烨辉和长城证券股份有限公司的赵浩然。从最佳预测准确性角度来看，排在前五名的分析师分别是：兴业证券股份有限公司的徐佳熹、国信证券股份有限公司的江维娜、中国国际金融股份有限公司的强静、安信证券股份有限公司的崔文亮和西南证券股份有限公司的朱国广。

表 4-9　五年期分析师预测准确性评价—平均表现（2013.05.01—2018.04.30）

行业：原材料—原材料 1（含化学制品、化学原料）

分析师姓名	平均表现排名	平均跟踪股票数量	所属证券公司
杨　云	1	6	浙商证券股份有限公司
邱友锋	2	3	海通证券股份有限公司
刘晓宁	3	2	上海申银万国证券研究所有限公司
范海波	4	1	信达证券股份有限公司
朱吉翔	5	1	群益证券（香港）有限公司
王　强	6	8	招商证券股份有限公司
杨　超	7	16	长城证券股份有限公司
曹　令	8	28	华创证券有限责任公司
龚斯闻	9	2	东北证券股份有限公司
邓　勇	10	11	海通证券股份有限公司

表 4-10 五年期分析师预测准确性评价—最佳表现(2013.05.01—2018.04.30)
　　　　行业：原材料—原材料 1(含化学制品、化学原料)

分析师姓名	最佳表现排名	平均跟踪股票数量	所属证券公司
刘　威	1	53	海通证券股份有限公司
周　铮	2	24	招商证券股份有限公司
郑方镳	3	28	兴业证券股份有限公司
曹　令	4	28	华创证券有限责任公司
杨若木	5	15	东兴证券股份有限公司
代鹏举	6	19	国海证券股份有限公司
马　太	7	17	长江证券股份有限公司
王剑雨	8	18	广发证券股份有限公司
李　辉	9	20	天风证券股份有限公司
程　磊	10	23	新时代证券股份有限公司

　　在 2013 年 5 月 1 日至 2018 年 4 月 30 日这五年的期间内,持续跟踪原材料—原材料 1(含化学制品、化学原料)行业并作出每股收益预测的分析师有 54 名。由表 4-9、表 4-10 可以看出,从平均预测准确性角度来看,排在前五名的分析师分别是：浙商证券股份有限公司的杨云、海通证券股份有限公司的邱友锋、上海申银万国证券研究所有限公司的刘晓宁、信达证券股份有限公司的范海波和群益证券(香港)有限公司的朱吉翔。从最佳预测准确性角度来看,排在前五名的分析师分别是：海通证券股份有限公司的刘威、招商证券股份有限公司的周铮、兴业证券股份有限公司的郑方镳、华创证券有限责任公司的曹令和东兴证券股份有限公司的杨若木。

表 4-11 五年期分析师预测准确性评价—平均表现(2013.05.01—2018.04.30)
　　　　行业：原材料—原材料 2(含建筑材料、有色金属、钢铁、非金属采矿及制品)

分析师姓名	平均表现排名	平均跟踪股票数量	所属证券公司
葛　军	1	7	长江证券股份有限公司
范海波	2	16	信达证券股份有限公司
王鹤涛	3	31	长江证券股份有限公司
笃　慧	4	20	中泰证券股份有限公司
邱友锋	5	9	海通证券股份有限公司

（续表）

分析师姓名	平均表现排名	平均跟踪股票数量	所属证券公司
范　超	6	15	长江证券股份有限公司
鲍雁辛	7	12	国泰君安证券股份有限公司
刘华峰	8	12	国泰君安证券股份有限公司
徐若旭	9	11	上海申银万国证券研究所有限公司
赵军胜	10	2	东兴证券股份有限公司

表 4-12　五年期分析师预测准确性评价—最佳表现（2013.05.01—2018.04.30）
行业：原材料—原材料 2（含建筑材料、有色金属、钢铁、非金属采矿及制品）

分析师姓名	最佳表现排名	平均跟踪股票数量	所属证券公司
任志强	1	31	华创证券有限责任公司
陈浩武	2	9	光大证券股份有限公司
巨国贤	3	23	广发证券股份有限公司
范海波	4	16	信达证券股份有限公司
鲍雁辛	5	12	国泰君安证券股份有限公司
笃　慧	6	20	中泰证券股份有限公司
徐若旭	7	11	上海申银万国证券研究所有限公司
钟　奇	8	27	海通证券股份有限公司
王鹤涛	9	31	长江证券股份有限公司
葛　军	10	7	长江证券股份有限公司

在 2013 年 5 月 1 日至 2018 年 4 月 30 日这五年的期间内，持续跟踪原材料—原材料 2（含建筑材料、有色金属、钢铁、非金属采矿及制品）行业并作出每股收益预测的分析师有 28 名。由表 4-11、表 4-12 可以看出，从平均预测准确性角度来看，排在前五名的分析师分别是：长江证券股份有限公司的葛军、信达证券股份有限公司的范海波、长江证券股份有限公司的王鹤涛、中泰证券股份有限公司的笃慧和海通证券股份有限公司的邱友锋。从最佳预测准确性角度来看，排在前五名的分析师分别是：华创证券有限责任公司的任志强、光大证券股份有限公司的陈浩武、广发证券股份有限公司的巨国贤、信达证券股份有限公司的范海波和国泰君安证券股份有限公司的鲍雁辛。

表4-13　五年期分析师预测准确性评价—平均表现(2013.05.01—2018.04.30)
行业：原材料—轻工(含家庭与个人用品、容器与包装、纸类与林业产品)

分析师姓名	平均表现排名	平均跟踪股票数量	所属证券公司
周　羽	1	2	中信证券股份有限公司
施红梅	2	2	东方证券股份有限公司
樊俊豪	3	5	中国国际金融股份有限公司
訾　猛	4	2	国泰君安证券股份有限公司
周海晨	5	9	上海申银万国证券研究所有限公司
姜　浩	6	6	天风证券股份有限公司
赵越峰	7	2	东方证券股份有限公司
雒雅梅	8	10	兴业证券股份有限公司
屠亦婷	9	9	上海申银万国证券研究所有限公司
陈柏儒	10	5	民生证券股份有限公司

表4-14　五年期分析师预测准确性评价—最佳表现(2013.05.01—2018.04.30)
行业：原材料—轻工(含家庭与个人用品、容器与包装、纸类与林业产品)

分析师姓名	最佳表现排名	平均跟踪股票数量	所属证券公司
姜　浩	1	6	天风证券股份有限公司
周海晨	2	9	上海申银万国证券研究所有限公司
樊俊豪	3	5	中国国际金融股份有限公司
雒雅梅	4	10	兴业证券股份有限公司
濮冬燕	5	10	招商证券股份有限公司
屠亦婷	6	9	上海申银万国证券研究所有限公司
陈羽锋	7	6	华泰证券股份有限公司
周　羽	8	2	中信证券股份有限公司
郑　恺	9	10	招商证券股份有限公司
穆方舟	10	7	国泰君安证券股份有限公司

　　在2013年5月1日至2018年4月30日这五年的期间内,持续跟踪原材料—轻工(含家庭与个人用品、容器与包装、纸类与林业产品)行业并作出每股收益预测的分析师有15名。由表4-13、表4-14可以看出,从平均预测准确性角度来看,排

在前五名的分析师分别是：中信证券股份有限公司的周羽、东方证券股份有限公司的施红梅、中国国际金融股份有限公司的樊俊豪、国泰君安证券股份有限公司的訾猛和上海申银万国证券研究所有限公司的周海晨。从最佳预测准确性角度来看，排在前五名的分析师分别是：天风证券股份有限公司的姜浩、上海申银万国证券研究所有限公司的周海晨、中国国际金融股份有限公司的樊俊豪、兴业证券股份有限公司的雒雅梅和招商证券股份有限公司的濮冬燕。

表 4-15　五年期分析师预测准确性评价—平均表现(2013.05.01—2018.04.30)
行业：可选消费—传媒

分析师姓名	平均表现排名	平均跟踪股票数量	所属证券公司
胡嘉铭	1	6	群益证券（香港）有限公司
廖绪发	2	7	北京高华证券有限责任公司
施 妍	3	3	上海申银万国证券研究所有限公司
文 浩	4	8	天风证券股份有限公司
张良卫	5	8	东吴证券股份有限公司
孟 玮	6	10	中国国际金融股份有限公司
张 衡	7	14	国信证券股份有限公司
许 娟	8	8	华泰证券股份有限公司
杨仁文	9	4	方正证券股份有限公司
顾 佳	10	9	招商证券股份有限公司

表 4-16　五年期分析师预测准确性评价—最佳表现(2013.05.01—2018.04.30)
行业：可选消费—传媒

分析师姓名	最佳表现排名	平均跟踪股票数量	所属证券公司
廖绪发	1	7	北京高华证券有限责任公司
张 衡	2	14	国信证券股份有限公司
胡嘉铭	3	6	群益证券（香港）有限公司
张良卫	4	8	东吴证券股份有限公司
顾 佳	5	9	招商证券股份有限公司
文 浩	6	8	天风证券股份有限公司

分析师姓名	最佳表现排名	平均跟踪股票数量	所属证券公司
杨仁文	7	4	方正证券股份有限公司
许娟	8	8	华泰证券股份有限公司
施妍	9	3	上海申银万国证券研究所有限公司
王铮	10	8	光大证券股份有限公司

在 2013 年 5 月 1 日至 2018 年 4 月 30 日这五年的期间内，持续跟踪可选消费—传媒行业并作出每股收益预测的分析师有 12 名。由表 4-15、表 4-16 可以看出，从平均预测准确性角度来看，排在前五名的分析师分别是：群益证券（香港）有限公司的胡嘉铭、北京高华证券有限责任公司的廖绪发、上海申银万国证券研究所有限公司的施妍、天风证券股份有限公司的文浩和东吴证券股份有限公司的张良卫。从最佳预测准确性角度来看，排在前五名的分析师分别是：北京高华证券有限责任公司的廖绪发、国信证券股份有限公司的张衡、群益证券（香港）有限公司的胡嘉铭、东吴证券股份有限公司的张良卫和招商证券股份有限公司的顾佳。

表 4-17　五年期分析师预测准确性评价—平均表现（2013.05.01—2018.04.30）

行业：可选消费—汽车与汽车零部件

分析师姓名	平均表现排名	平均跟踪股票数量	所属证券公司
王华君	1	3	中泰证券股份有限公司
余兵	2	19	平安证券股份有限公司
杨超	3	3	长城证券股份有限公司
王炎学	4	16	国泰君安证券股份有限公司
张乐	5	11	广发证券股份有限公司
汪刘胜	6	18	招商证券股份有限公司
刘威	7	2	海通证券股份有限公司
许英博	8	14	中信证券股份有限公司
范海波	9	3	信达证券股份有限公司
奉玮	10	24	中国国际金融股份有限公司

表4-18　五年期分析师预测准确性评价—最佳表现(2013.05.01—2018.04.30)

行业：可选消费—汽车与汽车零部件

分析师姓名	最佳表现排名	平均跟踪股票数量	所属证券公司
邓 学	1	15	天风证券股份有限公司
余 兵	2	19	平安证券股份有限公司
王炎学	3	16	国泰君安证券股份有限公司
奉 玮	4	24	中国国际金融股份有限公司
汪刘胜	5	18	招商证券股份有限公司
彭 勇	6	14	财通证券股份有限公司
姜雪晴	7	15	东方证券股份有限公司
于 特	8	15	方正证券股份有限公司
张 乐	9	11	广发证券股份有限公司
王德安	10	18	平安证券股份有限公司

在2013年5月1日至2018年4月30日这五年的期间内，持续跟踪可选消费—汽车与汽车零部件行业并作出每股收益预测的分析师有23名。由表4-17、表4-18可以看出，从平均预测准确性角度来看，排在前五名的分析师分别是：中泰证券股份有限公司的王华君、平安证券股份有限公司的余兵、长城证券股份有限公司的杨超、国泰君安证券股份有限公司的王炎学和广发证券股份有限公司的张乐。从最佳预测准确性角度来看，排在前五名的分析师分别是：天风证券股份有限公司的邓学、平安证券股份有限公司的余兵、国泰君安证券股份有限公司的王炎学、中国国际金融股份有限公司的奉玮和招商证券股份有限公司的汪刘胜。

表4-19　五年期分析师预测准确性评价—平均表现(2013.05.01—2018.04.30)

行业：可选消费—消费者服务、耐用消费品与服装

分析师姓名	平均表现排名	平均跟踪股票数量	所属证券公司
王睿哲	1	2	群益证券(香港)有限公司
唐佳睿	2	5	光大证券股份有限公司
洪 涛	3	2	广发证券股份有限公司
徐 春	4	17	长江证券股份有限公司
訾 猛	5	4	国泰君安证券股份有限公司
郭海燕	6	34	中国国际金融股份有限公司

（续表）

分析师姓名	平均表现排名	平均跟踪股票数量	所属证券公司
汪立亭	7	4	海通证券股份有限公司
曾　光	8	14	国信证券股份有限公司
周文波	9	3	安信证券股份有限公司
曾　知	10	4	海通证券股份有限公司

表 4-20　五年期分析师预测准确性评价—最佳表现（2013.05.01—2018.04.30）
行业：可选消费—消费者服务、耐用消费品与服装

分析师姓名	最佳表现排名	平均跟踪股票数量	所属证券公司
徐　春	1	17	长江证券股份有限公司
姜　娅	2	15	中信证券股份有限公司
范　杨	3	18	国泰君安证券股份有限公司
郭海燕	4	34	中国国际金融股份有限公司
王立平	5	22	上海申银万国证券研究所有限公司
曾　光	6	14	国信证券股份有限公司
李　婕	7	24	光大证券股份有限公司
周海晨	8	17	上海申银万国证券研究所有限公司
施红梅	9	23	东方证券股份有限公司
陈子仪	10	17	海通证券股份有限公司

在 2013 年 5 月 1 日至 2018 年 4 月 30 日这五年的期间内，持续跟踪可选消费—消费者服务、耐用消费品与服装行业并作出每股收益预测的分析师有 62 名。由表 4-19、表 4-20 可以看出，从平均预测准确性角度来看，排在前五名的分析师分别是：群益证券（香港）有限公司的王睿哲、光大证券股份有限公司的唐佳睿、广发证券股份有限公司的洪涛、长江证券股份有限公司的徐春和国泰君安证券股份有限公司的訾猛。从最佳预测准确性角度来看，排在前五名的分析师分别是：长江证券股份有限公司的徐春、中信证券股份有限公司的姜娅、国泰君安证券股份有限公司的范杨、中国国际金融股份有限公司的郭海燕和上海申银万国证券研究所有限公司的王立平。

表 4-21　五年期分析师预测准确性评价—平均表现(2013.05.01—2018.04.30)

行业：可选消费—零售业

分析师姓名	平均表现排名	平均跟踪股票数量	所属证券公司
周海晨	1	2	上海申银万国证券研究所有限公司
屠亦婷	2	2	上海申银万国证券研究所有限公司
施红梅	3	1	东方证券股份有限公司
李 婕	4	2	光大证券股份有限公司
郭海燕	5	13	中国国际金融股份有限公司
周 羽	6	10	中信证券股份有限公司
唐佳睿	7	27	光大证券股份有限公司
汪立亭	8	24	海通证券股份有限公司
徐晓芳	9	10	中信证券股份有限公司
雒雅梅	10	1	兴业证券股份有限公司

表 4-22　五年期分析师预测准确性评价—最佳表现(2013.05.01—2018.04.30)

行业：可选消费—零售业

分析师姓名	最佳表现排名	平均跟踪股票数量	所属证券公司
郭海燕	1	13	中国国际金融股份有限公司
唐佳睿	2	27	光大证券股份有限公司
訾 猛	3	18	国泰君安证券股份有限公司
刘章明	4	18	天风证券股份有限公司
汪立亭	5	24	海通证券股份有限公司
周 羽	6	10	中信证券股份有限公司
樊俊豪	7	13	中国国际金融股份有限公司
徐晓芳	8	10	中信证券股份有限公司
洪 涛	9	15	广发证券股份有限公司
许世刚	10	9	华泰证券股份有限公司

　　在 2013 年 5 月 1 日至 2018 年 4 月 30 日这五年的期间内，持续跟踪可选消费—零售业行业并作出每股收益预测的分析师有 20 名。由表 4-21、表 4-22 可以看出，从平均预测准确性角度来看，排在前五名的分析师分别是：上海申银万国证券研究所有限公司的周海晨、上海申银万国证券研究所有限公司的屠亦婷、东方证

券股份有限公司的施红梅、光大证券股份有限公司的李婕和中国国际金融股份有限公司的郭海燕。从最佳预测准确性角度来看,排在前五名的分析师分别是:中国国际金融股份有限公司的郭海燕、光大证券股份有限公司的唐佳睿、国泰君安证券股份有限公司的訾猛、天风证券股份有限公司的刘章明和海通证券股份有限公司的汪立亭。

表4-23　五年期分析师预测准确性评价—平均表现(2013.05.01—2018.04.30)
行业:工业—交通运输

分析师姓名	平均表现排名	平均跟踪股票数量	所属证券公司
杨　鑫	1	24	中国国际金融股份有限公司
郑　武	2	9	国泰君安证券股份有限公司
韩轶超	3	20	长江证券股份有限公司
苏宝亮	4	22	国金证券股份有限公司
岳　鑫	5	7	国泰君安证券股份有限公司
常　涛	6	20	招商证券股份有限公司
沈晓峰	7	13	华泰证券股份有限公司
刘　正	8	17	中信证券股份有限公司
虞　楠	9	13	海通证券股份有限公司
瞿永忠	10	16	东北证券股份有限公司

表4-24　五年期分析师预测准确性评价—最佳表现(2013.05.01—2018.04.30)
行业:工业—交通运输

分析师姓名	最佳表现排名	平均跟踪股票数量	所属证券公司
杨　鑫	1	24	中国国际金融股份有限公司
刘　正	2	17	中信证券股份有限公司
苏宝亮	3	22	国金证券股份有限公司
韩轶超	4	20	长江证券股份有限公司
沈晓峰	5	13	华泰证券股份有限公司
常　涛	6	20	招商证券股份有限公司
虞　楠	7	13	海通证券股份有限公司
郑　武	8	9	国泰君安证券股份有限公司
岳　鑫	9	7	国泰君安证券股份有限公司
陈　卓	10	13	招商证券股份有限公司

在 2013 年 5 月 1 日至 2018 年 4 月 30 日这五年的期间内,持续跟踪工业—交通运输行业并作出每股收益预测的分析师有 11 名。由表 4-23、表 4-24 可以看出,从平均预测准确性角度来看,排在前五名的分析师分别是:中国国际金融股份有限公司的杨鑫、国泰君安证券股份有限公司的郑武、长江证券股份有限公司的韩轶超、国金证券股份有限公司的苏宝亮和国泰君安证券股份有限公司的岳鑫。从最佳预测准确性角度来看,排在前五名的分析师分别是:中国国际金融股份有限公司的杨鑫、中信证券股份有限公司的刘正、国金证券股份有限公司的苏宝亮、长江证券股份有限公司的韩轶超和华泰证券股份有限公司的沈晓峰。

表 4-25　五年期分析师预测准确性评价—平均表现(2013.05.01—2018.04.30)
行业:工业—商业服务与用品

分析师姓名	平均表现排名	平均跟踪股票数量	所属证券公司
刘晓宁	1	4	上海申银万国证券研究所有限公司
郭海燕	2	2	中国国际金融股份有限公司
吴慧敏	3	2	中国国际金融股份有限公司
瞿永忠	4	2	东北证券股份有限公司
樊俊豪	5	3	中国国际金融股份有限公司
鲍荣富	6	5	华泰证券股份有限公司
周文波	7	3	安信证券股份有限公司
雒雅梅	8	3	兴业证券股份有限公司
周海晨	9	3	上海申银万国证券研究所有限公司
唐笑	10	4	天风证券股份有限公司

表 4-26　五年期分析师预测准确性评价—最佳表现(2013.05.01—2018.04.30)
行业:工业—商业服务与用品

分析师姓名	最佳表现排名	平均跟踪股票数量	所属证券公司
刘晓宁	1	4	上海申银万国证券研究所有限公司
雒雅梅	2	3	兴业证券股份有限公司
鲍荣富	3	5	华泰证券股份有限公司
揭力	4	3	国金证券股份有限公司
周文波	5	3	安信证券股份有限公司
樊俊豪	6	3	中国国际金融股份有限公司

（续表）

分析师姓名	最佳表现排名	平均跟踪股票数量	所属证券公司
孟 杰	7	6	兴业证券股份有限公司
唐 笑	8	4	天风证券股份有限公司
吴慧敏	9	2	中国国际金融股份有限公司
瞿永忠	10	2	东北证券股份有限公司

在 2013 年 5 月 1 日至 2018 年 4 月 30 日这五年的期间内,持续跟踪工业—商业服务与用品行业并作出每股收益预测的分析师有 22 名。由表 4-25、表 4-26 可以看出,从平均预测准确性角度来看,排在前五名的分析师分别是:上海申银万国证券研究所有限公司的刘晓宁、中国国际金融股份有限公司的郭海燕、中国国际金融股份有限公司的吴慧敏、东北证券股份有限公司的瞿永忠和中国国际金融股份有限公司的樊俊豪。从最佳预测准确性角度来看,排在前五名的分析师分别是:上海申银万国证券研究所有限公司的刘晓宁、兴业证券股份有限公司的雒雅梅、华泰证券股份有限公司的鲍荣富、国金证券股份有限公司的揭力和安信证券股份有限公司的周文波。

表 4-27 五年期分析师预测准确性评价—平均表现(2013.05.01—2018.04.30)

行业:工业—资本品 1(含工业集团企业、建筑与工程、建筑产品)

分析师姓名	平均表现排名	平均跟踪股票数量	所属证券公司
余 兵	1	1	平安证券股份有限公司
邱友锋	2	7	海通证券股份有限公司
范 超	3	21	长江证券股份有限公司
杨 涛	4	16	国盛证券有限责任公司
杜市伟	5	12	海通证券股份有限公司
夏 天	6	21	国盛证券有限责任公司
邹 戈	7	3	广发证券股份有限公司
鲍荣富	8	26	华泰证券股份有限公司
孟 杰	9	23	兴业证券股份有限公司
黄诗涛	10	5	中泰证券股份有限公司

表4-28　五年期分析师预测准确性评价—最佳表现(2013.05.01—2018.04.30)

行业：工业—资本品1(含工业集团企业、建筑与工程、建筑产品)

分析师姓名	最佳表现排名	平均跟踪股票数量	所属证券公司
夏　天	1	21	国盛证券有限责任公司
唐　笑	2	27	天风证券股份有限公司
杨　涛	3	16	国盛证券有限责任公司
孟　杰	4	23	兴业证券股份有限公司
鲍荣富	5	26	华泰证券股份有限公司
杜市伟	6	12	海通证券股份有限公司
范　超	7	21	长江证券股份有限公司
邱友锋	8	7	海通证券股份有限公司
贺国文	9	6	国金证券股份有限公司
邹　戈	10	3	广发证券股份有限公司

在2013年5月1日至2018年4月30日这五年的期间内，持续跟踪工业—资本品1(含工业集团企业、建筑与工程、建筑产品)行业并作出每股收益预测的分析师有19名。由表4-27、表4-28可以看出，从平均预测准确性角度来看，排在前五名的分析师分别是：平安证券股份有限公司的余兵、海通证券股份有限公司的邱友锋、长江证券股份有限公司的范超、国盛证券有限责任公司的杨涛和海通证券股份有限公司的杜市伟。从最佳预测准确性角度来看，排在前五名的分析师分别是：国盛证券有限责任公司的夏天、天风证券股份有限公司的唐笑、国盛证券有限责任公司的杨涛、兴业证券股份有限公司的孟杰和华泰证券股份有限公司的鲍荣富。

表4-29　五年期分析师预测准确性评价—平均表现(2013.05.01—2018.04.30)

行业：工业—资本品2(机械制造)

分析师姓名	平均表现排名	平均跟踪股票数量	所属证券公司
范海波	1	4	信达证券股份有限公司
马宝德	2	2	国联证券股份有限公司
龚斯闻	3	2	东北证券股份有限公司
奉　玮	4	3	中国国际金融股份有限公司
徐若旭	5	1	上海申银万国证券研究所有限公司
冯福章	6	4	安信证券股份有限公司

（续表）

分析师姓名	平均表现排名	平均跟踪股票数量	所属证券公司
刘孙亮	7	3	爱建证券有限责任公司
吕娟	8	32	方正证券股份有限公司
吴慧敏	9	27	中国国际金融股份有限公司
罗立波	10	33	广发证券股份有限公司

表4-30　五年期分析师预测准确性评价—最佳表现（2013.05.01—2018.04.30）
行业：工业—资本品2（机械制造）

分析师姓名	最佳表现排名	平均跟踪股票数量	所属证券公司
吕娟	1	32	方正证券股份有限公司
吴慧敏	2	27	中国国际金融股份有限公司
章诚	3	18	华泰证券股份有限公司
刘荣	4	30	招商证券股份有限公司
罗立波	5	33	广发证券股份有限公司
邹润芳	6	28	天风证券股份有限公司
刘海博	7	12	中信证券股份有限公司
刘军	8	21	东北证券股份有限公司
肖群稀	9	16	华泰证券股份有限公司
黄琨	10	22	国泰君安证券股份有限公司

在2013年5月1日至2018年4月30日这五年的期间内,持续跟踪工业—资本品2（机械制造）行业并作出每股收益预测的分析师有43名。由表4-29、表4-30可以看出,从平均预测准确性角度来看,排在前五名的分析师分别是：信达证券股份有限公司的范海波、国联证券股份有限公司的马宝德、东北证券股份有限公司的龚斯闻、中国国际金融股份有限公司的奉玮和上海申银万国证券研究所有限公司的徐若旭。从最佳预测准确性角度来看,排在前五名的分析师分别是：方正证券股份有限公司的吕娟、中国国际金融股份有限公司的吴慧敏、华泰证券股份有限公司的章诚、招商证券股份有限公司的刘荣和广发证券股份有限公司的罗立波。

表4-31　五年期分析师预测准确性评价—平均表现(2013.05.01—2018.04.30)
行业：工业—资本品4(电气设备)

分析师姓名	平均表现排名	平均跟踪股票数量	所属证券公司
李　伟	1	1	中泰证券股份有限公司
郑丹丹	2	13	浙商证券股份有限公司
陈　龙	3	14	中国国际金融股份有限公司
曾朵红	4	20	东吴证券股份有限公司
谭　倩	5	18	国海证券股份有限公司
马宝德	6	10	国联证券股份有限公司
房　青	7	22	海通证券股份有限公司
张　帅	8	7	国金证券股份有限公司
龚斯闻	9	10	东北证券股份有限公司
杨敬梅	10	5	国信证券股份有限公司

表4-32　五年期分析师预测准确性评价—最佳表现(2013.05.01—2018.04.30)
行业：工业—资本品4(电气设备)

分析师姓名	最佳表现排名	平均跟踪股票数量	所属证券公司
弓永峰	1	10	中信证券股份有限公司
曾朵红	2	20	东吴证券股份有限公司
陈　龙	3	14	中国国际金融股份有限公司
郑丹丹	4	13	浙商证券股份有限公司
谭　倩	5	18	国海证券股份有限公司
房　青	6	22	海通证券股份有限公司
徐　伟	7	10	中信建投证券股份有限公司
张　帅	8	7	国金证券股份有限公司
黄守宏	9	18	安信证券股份有限公司
马宝德	10	10	国联证券股份有限公司

在2013年5月1日至2018年4月30日这五年的期间内,持续跟踪工业—资本品4(电气设备)行业并作出每股收益预测的分析师有20名。由表4-31、表4-32可以看出,从平均预测准确性角度来看,排在前五名的分析师分别是:中泰证券股

份有限公司的李伟、浙商证券股份有限公司的郑丹丹、中国国际金融股份有限公司的陈龙、东吴证券股份有限公司的曾朵红和国海证券股份有限公司的谭倩。从最佳预测准确性角度来看,排在前五名的分析师分别是:中信证券股份有限公司的弓永峰、东吴证券股份有限公司的曾朵红、中国国际金融股份有限公司的陈龙、浙商证券股份有限公司的郑丹丹和国海证券股份有限公司的谭倩。

表 4-33　五年期分析师预测准确性评价—平均表现(2013.05.01—2018.04.30)

行业:工业—资本品 5(航空航天与国防)

分析师姓名	平均表现排名	平均跟踪股票数量	所属证券公司
鞠厚林	1	5	中国银河证券股份有限公司
陈显帆	2	2	东吴证券股份有限公司
王华君	3	2	中泰证券股份有限公司
高　嵩	4	9	中信证券股份有限公司
王　超	5	6	招商证券股份有限公司
徐志国	6	11	海通证券股份有限公司
吴慧敏	7	7	中国国际金融股份有限公司
王书伟	8	2	安信证券股份有限公司

表 4-34　五年期分析师预测准确性评价—最佳表现(2013.05.01—2018.04.30)

行业:工业—资本品 5(航空航天与国防)

分析师姓名	最佳表现排名	平均跟踪股票数量	所属证券公司
高　嵩	1	9	中信证券股份有限公司
王　超	2	6	招商证券股份有限公司
徐志国	3	11	海通证券股份有限公司
鞠厚林	4	5	中国银河证券股份有限公司
吴慧敏	5	7	中国国际金融股份有限公司
陈显帆	6	2	东吴证券股份有限公司
王华君	7	2	中泰证券股份有限公司
王书伟	8	2	安信证券股份有限公司

在 2013 年 5 月 1 日至 2018 年 4 月 30 日这五年的期间内,持续跟踪工业—资本品 5(航空航天与国防)行业并作出每股收益预测的分析师有 8 名。由表 4-33、

表 4-34 可以看出，从平均预测准确性角度来看，排在前五名的分析师分别是：中国银河证券股份有限公司的鞠厚林、东吴证券股份有限公司的陈显帆、中泰证券股份有限公司的王华君、中信证券股份有限公司的高嵩和招商证券股份有限公司的王超。从最佳预测准确性角度来看，排在前五名的分析师分别是：中信证券股份有限公司的高嵩、招商证券股份有限公司的王超、海通证券股份有限公司的徐志国、中国银河证券股份有限公司的鞠厚林和中国国际金融股份有限公司的吴慧敏。

表 4-35　五年期分析师预测准确性评价——平均表现（2013.05.01—2018.04.30）
行业：电信业务—电信业务（含电信服务与通信设备）

分析师姓名	平均表现排名	平均跟踪股票数量	所属证券公司
王　莉	1	1	东吴证券股份有限公司
胡嘉铭	2	3	群益证券（香港）有限公司
周　炎	3	13	招商证券股份有限公司
边铁城	4	2	信达证券股份有限公司
徐　力	5	8	东吴证券股份有限公司
高　嵩	6	2	中信证券股份有限公司
李　伟	7	7	中泰证券股份有限公司
宋嘉吉	8	15	国泰君安证券股份有限公司
马　军	9	11	方正证券股份有限公司
吴友文	10	3	中银国际证券股份有限公司

表 4-36　五年期分析师预测准确性评价——最佳表现（2013.05.01—2018.04.30）
行业：电信业务—电信业务（含电信服务与通信设备）

分析师姓名	最佳表现排名	平均跟踪股票数量	所属证券公司
宋嘉吉	1	15	国泰君安证券股份有限公司
周　炎	2	13	招商证券股份有限公司
徐　力	3	8	东吴证券股份有限公司
胡嘉铭	4	3	群益证券（香港）有限公司
周　明	5	11	华泰证券股份有限公司
朱劲松	6	10	海通证券股份有限公司

（续表）

分析师姓名	最佳表现排名	平均跟踪股票数量	所属证券公司
马 军	7	11	方正证券股份有限公司
李 伟	8	7	中泰证券股份有限公司
程 成	9	7	国信证券股份有限公司
王 莉	10	1	东吴证券股份有限公司

在 2013 年 5 月 1 日至 2018 年 4 月 30 日这五年的期间内,持续跟踪电信业务—电信业务(含电信服务与通信设备)行业并作出每股收益预测的分析师有 18 名。由表 4-35、表 4-36 可以看出,从平均预测准确性角度来看,排在前五名的分析师分别是:东吴证券股份有限公司的王莉、群益证券(香港)有限公司的胡嘉铭、招商证券股份有限公司的周炎、信达证券股份有限公司的边铁城和东吴证券股份有限公司的徐力。从最佳预测准确性角度来看,排在前五名的分析师分别是:国泰君安证券股份有限公司的宋嘉吉、招商证券股份有限公司的周炎、东吴证券股份有限公司的徐力、群益证券(香港)有限公司的胡嘉铭和华泰证券股份有限公司的周明。

表 4-37 五年期分析师预测准确性评价—平均表现(2013.05.01—2018.04.30)
行业:能源—能源

分析师姓名	平均表现排名	平均跟踪股票数量	所属证券公司
章 诚	1	3	华泰证券股份有限公司
罗立波	2	3	广发证券股份有限公司
安 鹏	3	18	广发证券股份有限公司
邓 勇	4	11	海通证券股份有限公司
关 滨	5	7	中国国际金融股份有限公司
吴慧敏	6	1	中国国际金融股份有限公司
李 凡	7	2	中国中投证券有限责任公司
王 强	8	10	招商证券股份有限公司
柴沁虎	9	3	东吴证券股份有限公司
刘晓宁	10	8	上海申银万国证券研究所有限公司

表4-38　五年期分析师预测准确性评价—最佳表现(2013.05.01—2018.04.30)

行业：能源—能源

分析师姓名	最佳表现排名	平均跟踪股票数量	所属证券公司
王　强	1	10	招商证券股份有限公司
安　鹏	2	18	广发证券股份有限公司
卢　平	3	15	招商证券股份有限公司
李俊松	4	14	中信建投证券股份有限公司
邓　勇	5	11	海通证券股份有限公司
关　滨	6	7	中国国际金融股份有限公司
刘晓宁	7	8	上海申银万国证券研究所有限公司
罗立波	8	3	广发证券股份有限公司
章　诚	9	3	华泰证券股份有限公司
沈　涛	10	18	广发证券股份有限公司

在2013年5月1日至2018年4月30日这五年的期间内,持续跟踪能源—能源行业并作出每股收益预测的分析师有27名。由表4-37、表4-38可以看出,从平均预测准确性角度来看,排在前五名的分析师分别是：华泰证券股份有限公司的章诚、广发证券股份有限公司的罗立波、广发证券股份有限公司的安鹏、海通证券股份有限公司的邓勇和中国国际金融股份有限公司的关滨。从最佳预测准确性角度来看,排在前五名的分析师分别是：招商证券股份有限公司的王强、广发证券股份有限公司的安鹏、招商证券股份有限公司的卢平、中信建投证券股份有限公司的李俊松和海通证券股份有限公司的邓勇。

表4-39　五年期分析师预测准确性评价—平均表现(2013.05.01—2018.04.30)

行业：金融地产—银行

分析师姓名	平均表现排名	平均跟踪股票数量	所属证券公司
励雅敏	1	17	中银国际证券股份有限公司
傅慧芳	2	9	兴业证券股份有限公司
吴　畏	3	16	兴业证券股份有限公司
马鲲鹏	4	13	招商证券股份有限公司

（续表）

分析师姓名	平均表现排名	平均跟踪股票数量	所属证券公司
邱冠华	5	10	国泰君安证券股份有限公司
林媛媛	6	9	海通证券股份有限公司
杨　荣	7	10	中信建投证券股份有限公司
沐　华	8	7	广发证券股份有限公司
肖斐斐	9	13	中信证券股份有限公司

表 4-40　五年期分析师预测准确性评价—最佳表现（2013.05.01—2018.04.30）
行业：金融地产—银行

分析师姓名	最佳表现排名	平均跟踪股票数量	所属证券公司
吴　畏	1	16	兴业证券股份有限公司
励雅敏	2	17	中银国际证券股份有限公司
马鲲鹏	3	13	招商证券股份有限公司
林媛媛	4	9	海通证券股份有限公司
傅慧芳	5	9	兴业证券股份有限公司
邱冠华	6	10	国泰君安证券股份有限公司
肖斐斐	7	13	中信证券股份有限公司
杨　荣	8	10	中信建投证券股份有限公司
沐　华	9	7	广发证券股份有限公司

在 2013 年 5 月 1 日至 2018 年 4 月 30 日这五年的期间内，持续跟踪金融地产—银行行业并作出每股收益预测的分析师有 9 名。由表 4-39、表 4-40 可以看出，从平均预测准确性角度来看，排在前五名的分析师分别是：中银国际证券股份有限公司的励雅敏、兴业证券股份有限公司的傅慧芳、兴业证券股份有限公司的吴畏、招商证券股份有限公司的马鲲鹏和国泰君安证券股份有限公司的邱冠华。从最佳预测准确性角度来看，排在前五名的分析师分别是：兴业证券股份有限公司的吴畏、中银国际证券股份有限公司的励雅敏、招商证券股份有限公司的马鲲鹏、海通证券股份有限公司的林媛媛和兴业证券股份有限公司的傅慧芳。

表 4-41　五年期分析师预测准确性评价—平均表现(2013.05.01—2018.04.30)
行业：金融地产—非银金融(含保险、资本市场、其他金融)

分析师姓名	平均表现排名	平均跟踪股票数量	所属证券公司
孙　婷	1	13	海通证券股份有限公司
缴文超	2	13	平安证券股份有限公司
沈　娟	3	20	华泰证券股份有限公司
丁文韬	4	17	东吴证券股份有限公司
魏　涛	5	12	太平洋证券股份有限公司
刘欣琦	6	16	国泰君安证券股份有限公司
洪锦屏	7	14	华创证券有限责任公司
赵湘怀	8	28	安信证券股份有限公司
田　良	9	7	中信证券股份有限公司
唐子佩	10	5	东方证券股份有限公司

表 4-42　五年期分析师预测准确性评价—最佳表现(2013.05.01—2018.04.30)
行业：金融地产—非银金融(含保险、资本市场、其他金融)

分析师姓名	最佳表现排名	平均跟踪股票数量	所属证券公司
赵湘怀	1	28	安信证券股份有限公司
孙　婷	2	13	海通证券股份有限公司
沈　娟	3	20	华泰证券股份有限公司
丁文韬	4	17	东吴证券股份有限公司
缴文超	5	13	平安证券股份有限公司
刘欣琦	6	16	国泰君安证券股份有限公司
田　良	7	7	中信证券股份有限公司
魏　涛	8	12	太平洋证券股份有限公司
童成墩	9	7	中信证券股份有限公司
洪锦屏	10	14	华创证券有限责任公司

在 2013 年 5 月 1 日至 2018 年 4 月 30 日这五年的期间内,持续跟踪金融地产—非银金融(含保险、资本市场、其他金融)行业并作出每股收益预测的分析师有14 名。由表 4-41、表 4-42 可以看出,从平均预测准确性角度来看,排在前五名的

分析师分别是：海通证券股份有限公司的孙婷、平安证券股份有限公司的缴文超、华泰证券股份有限公司的沈娟、东吴证券股份有限公司的丁文韬和太平洋证券股份有限公司的魏涛。从最佳预测准确性角度来看，排在前五名的分析师分别是：安信证券股份有限公司的赵湘怀、海通证券股份有限公司的孙婷、华泰证券股份有限公司的沈娟、东吴证券股份有限公司的丁文韬和平安证券股份有限公司的缴文超。

表4-43　五年期分析师预测准确性评价—平均表现(2013.05.01—2018.04.30)
行业：金融地产—房地产

分析师姓名	平均表现排名	平均跟踪股票数量	所属证券公司
刘章明	1	2	天风证券股份有限公司
郭海燕	2	1	中国国际金融股份有限公司
刘　璐	3	11	中信建投证券股份有限公司
杨　侃	4	13	平安证券股份有限公司
乐加栋	5	23	广发证券股份有限公司
涂力磊	6	43	海通证券股份有限公司
李少明	7	14	中国中投证券有限责任公司
区瑞明	8	15	国信证券股份有限公司
陈　聪	9	12	中信证券股份有限公司
陈天诚	10	13	天风证券股份有限公司

表4-44　五年期分析师预测准确性评价—最佳表现(2013.05.01—2018.04.30)
行业：金融地产—房地产

分析师姓名	最佳表现排名	平均跟踪股票数量	所属证券公司
涂力磊	1	43	海通证券股份有限公司
郑闵钢	2	26	东兴证券股份有限公司
陈　聪	3	12	中信证券股份有限公司
侯丽科	4	13	国泰君安证券股份有限公司
杨　侃	5	13	平安证券股份有限公司
乐加栋	6	23	广发证券股份有限公司
陈天诚	7	13	天风证券股份有限公司
袁　豪	8	13	华创证券有限责任公司
刘　璐	9	11	中信建投证券股份有限公司
李少明	10	14	中国中投证券有限责任公司

在 2013 年 5 月 1 日至 2018 年 4 月 30 日这五年的期间内,持续跟踪金融地产——房地产行业并作出每股收益预测的分析师有 20 名。由表 4-43、表 4-44 可以看出,从平均预测准确性角度来看,排在前五名的分析师分别是:天风证券股份有限公司的刘章明、中国国际金融股份有限公司的郭海燕、中信建投证券股份有限公司的刘璐、平安证券股份有限公司的杨侃和广发证券股份有限公司的乐加栋。从最佳预测准确性角度来看,排在前五名的分析师分别是:海通证券股份有限公司的涂力磊、东兴证券股份有限公司的郑闵钢、中信证券股份有限公司的陈聪、国泰君安证券股份有限公司的侯丽科和平安证券股份有限公司的杨侃。

5 一年期证券公司预测准确性评价

5.1 数据来源与样本说明

一年期证券公司预测准确性评价的数据期间为 2017 年 5 月 1 日至 2018 年 4 月 30 日。证券公司预测准确性评分在其下属分析师预测准确性基础上汇总计算得出。所有分析师预测数据来源于 CSMAR 数据库,涉及指标包括分析师姓名、分析师编码、所属证券公司名称、预测公司证券代码、证券简称、预测终止日、预测每股收益及实际每股收益。分析师样本筛选原则同 1.2 节所述。因证券公司表现由其下属分析师表现汇总而来,因此在对一年期证券公司预测准确性进行评价时,我们仅对存在活动分析师[①]的证券公司进行评价。经上述筛选后,最终得到参与一年期证券公司预测准确性评价的证券公司共 73 家。

在对证券公司预测准确性进行评价时,我们从证券公司预测准确性综合表现和证券公司明星分析师数量两个角度进行评价,具体计算方法如下:

(1)证券公司预测准确性综合评价——平均表现维度

从分析师平均表现维度对证券公司预测准确性进行综合评价时,我们采用的方法是:在通过第一章所述方法求得每位分析师平均标准分的基础上,以分析师跟踪股票数量作为其在证券公司整体表现中权重对证券公司下属分析师标准分汇总求和作为证券公司综合得分,即

$$证券公司\ i\ 的标准分 = \sum_{j=1}^{n}(分析师\ j\ 的标准分 \times 分析师\ j\ 的权重)$$

$$(j = 1, 2, \cdots, n)$$

$$分析师\ j\ 的权重 = \frac{分析师\ j\ 跟踪公司数量}{\sum_{j=1}^{n}(分析师\ j\ 跟踪公司数量)} \quad (j = 1, 2, \cdots, n)$$

---

① 活动分析师指在相应期间内进行过针对 A 股上市公司的每股收益预测的分析师,即以 CSMAR 数据库为基准,根据 1.2.1 节所介绍的原则进行筛选后,本书所覆盖的分析师,下同。

其中，n 为证券公司 i 在 2017.05.01—2018.04.30 期间的活动分析师数量。

例如，证券公司 X 在 2017.05.01—2018.04.30 期间内共有 3 名活动分析师 A、B、C，其中分析师 A 跟踪 7 只股票，平均标准分为 1 分；分析师 B 跟踪了 2 只股票，平均标准分为 3 分；分析师 C 跟踪了 1 只股票，平均标准分为 1 分，则证券公司 X 的标准分计算方法为 $7/10 \times 1 + 2/10 \times 3 + 1/10 \times 1 = 1.4$ 分。

（2）证券公司预测准确性综合评价—最佳表现维度

从分析师最佳表现维度对证券公司预测准确性进行综合评价时，我们采用的方法是：在通过第一章所述方法求得每位分析师最佳标准分的基础上，对证券公司下属分析师期间内最佳标准分求平均，即

$$证券公司\ i\ 的标准分 = \frac{1}{n} \sum_{j=1}^{n} (分析师\ j\ 的最佳标准分) \quad (j = 1, 2, \cdots, n)$$

其中，n 为证券公司 i 在 2017.05.01—2018.04.30 期间的活动分析师数量。

例如，证券公司 X 在 2017.05.01—2018.04.30 期间内共有 3 名活动分析师 A、B、C，其中分析师 A 最佳标准分为 1 分；分析师 B 最佳标准分为 3 分；分析师 C 最佳标准分为 1 分，则证券公司 X 的标准分计算方法为 $1/3 \times (1 + 3 + 1) = 1.667$ 分。

（3）证券公司明星分析师席位排名—平均表现维度

从分析师平均表现维度评选明星分析师并在此基础上对证券公司实力进行评价时，我们以各行业内平均标准分最优的前五名分析师为明星分析师，并按证券公司拥有明星的数量由高到低进行排序，对证券公司进行评价。在明星分析师数量相同时，分析师数量少的证券公司优先；若分析师数量也相同，则期间发布研究报告少的证券公司优先；若仍相同，按证券公司名称排序[①]。

例如，2017.05.01—2018.04.30 期间共 24 个行业，按照分析师平均表现维度排名，分别取各行业前五名作为明星分析师，则期间内共有 120 个明星分析师席位，若 120 个席位中有 3 个席位的分析师所属证券公司为 X，则证券公司 X 在 2017.05.01—2018.04.30 年度明星分析师数量为 3。

（4）证券公司明星分析师席位排名—最佳表现维度

从分析师最佳表现维度评选明星分析师并在此基础上对证券公司实力进行评价时，我们以各行业内最佳标准分最优的前五名分析师为明星分析师，并按证券公司拥有明星的数量由高到低进行排序，对证券公司进行评价。在明星分析师数量

---

① 此处出于成本效益原则考虑，在证券公司明星分析师数量相同时，对分析师数量少、发布研报少的证券公司给予排序优先级，即明星分析师席位相同时，明星分析师产出效率较高的证券公司优先，下同。

相同时,分析师数量少的证券公司优先;若分析师数量也相同,则期间发布研究报告少的证券公司优先;若仍相同,按证券公司名称排序。

　　例如,2017.05.01—2018.04.30 期间共 24 个行业,按照分析师最佳表现维度排名,分别取各行业前五名作为明星分析师,则期间内共有 120 个明星分析师席位,若 120 个席位中有 3 个席位的分析师所属证券公司为 X,则证券公司 X 在 2017.05.01—2018.04.30 年度明星分析师数量为 3。

5.2　一年期证券公司预测准确性评价结果

表 5-1　一年期证券公司预测准确性综合评价—平均表现维度
(2017.05.01—2018.04.30)

证券公司名称	排名	分析师数量	发布研报数量
东海证券股份有限公司	1	1	1
红塔证券股份有限公司	2	1	1
交银国际证券有限公司	3	4	6
世纪证券有限责任公司	4	2	2
财通证券股份有限公司	5	12	210
国盛证券有限责任公司	6	8	9
华创证券有限责任公司	7	40	602
广州广证恒生证券投资咨询有限公司	8	11	80
群益证券(香港)有限公司	9	13	142
中国国际金融股份有限公司	10	74	761
长江证券股份有限公司	11	55	178
长城证券股份有限公司	12	35	171
浙商证券股份有限公司	13	17	147
新时代证券股份有限公司	14	18	213
东方证券股份有限公司	15	32	260
东吴证券股份有限公司	16	39	420
平安证券股份有限公司	17	53	376
招商证券股份有限公司	18	94	793
上海证券有限责任公司	19	12	148
中国银河证券股份有限公司	20	16	61

（续表）

证券公司名称	排名	分析师数量	发布研报数量
中泰证券股份有限公司	21	55	600
天风证券股份有限公司	22	70	855
广发证券股份有限公司	23	77	691
上海申银万国证券研究所有限公司	24	105	744
万联证券有限责任公司	25	4	22
华金证券股份有限公司	26	12	305
中银国际证券股份有限公司	27	34	212
光大证券股份有限公司	28	45	355
北京高华证券有限责任公司	29	11	32
太平洋证券股份有限公司	30	44	398
中信证券股份有限公司	31	55	560
中航证券有限公司	32	20	43
安信证券股份有限公司	33	52	763
西南证券股份有限公司	34	32	510
国海证券股份有限公司	35	24	457
方正证券股份有限公司	36	46	520
东北证券股份有限公司	37	68	812
财富证券有限责任公司	38	7	146
中原证券股份有限公司	39	6	94
国信证券股份有限公司	40	38	382
华泰证券股份有限公司	41	59	503
国联证券股份有限公司	42	19	252
长城国瑞证券有限公司	43	6	60
东兴证券股份有限公司	44	27	393
东莞证券股份有限公司	45	13	84
川财证券有限责任公司	46	7	50
信达证券股份有限公司	47	25	164
国泰君安证券股份有限公司	48	149	641
开源证券股份有限公司	49	4	16

证券公司名称	排名	分析师数量	发布研报数量
国金证券股份有限公司	50	34	393
海通证券股份有限公司	51	85	992
兴业证券股份有限公司	52	62	917
华融证券股份有限公司	53	3	6
网信证券有限责任公司	54	3	4
中信建投证券股份有限公司	55	43	533
华鑫证券有限责任公司	56	8	93
华安证券股份有限公司	57	7	55
辉立证券集团	58	5	30
西部证券股份有限公司	59	1	3
国元证券股份有限公司	60	18	75
渤海证券股份有限公司	61	17	63
民生证券股份有限公司	62	77	604
联讯证券股份有限公司	63	12	225
首创证券有限责任公司	64	3	11
山西证券股份有限公司	65	9	71
中国中投证券有限责任公司	66	15	59
国开证券股份有限公司	67	6	14
爱建证券有限责任公司	68	3	17
西藏东方财富证券股份有限公司	69	3	5
元大证券(香港)有限公司	70	2	2
恒泰证券股份有限公司	71	2	4
中邮证券有限责任公司	72	2	3
中国银河国际证券(香港)有限公司	73	2	1

　　由表5-1可以看出,在2017年5月1日至2018年4月30日期间内,从分析师平均表现维度对证券公司预测准确性进行综合评价,排在前五名的证券公司分别是:东海证券股份有限公司(活动分析师1名,共发布研报1份)、红塔证券股份有限公司(活动分析师1名,共发布研报1份)、交银国际证券有限公司(活动分析师4名,共发布研报6份)、世纪证券有限责任公司(活动分析师2名,共发布研

2 份)和财通证券股份有限公司(活动分析师 12 名,共发布研报 210 份)。

表 5-2 一年期证券公司预测准确性综合评价—最佳表现维度

(2017. 05. 01—2018. 04. 30)

证券公司名称	排名	分析师数量	发布研报数量
东海证券股份有限公司	1	1	1
华金证券股份有限公司	2	12	305
交银国际证券有限公司	3	4	6
财通证券股份有限公司	4	12	210
上海证券有限责任公司	5	12	148
财富证券有限责任公司	6	7	146
首创证券有限责任公司	7	3	11
东吴证券股份有限公司	8	39	420
海通证券股份有限公司	9	85	992
西南证券股份有限公司	10	32	510
平安证券股份有限公司	11	53	376
天风证券股份有限公司	12	70	855
中信证券股份有限公司	13	55	560
万联证券有限责任公司	14	4	22
东兴证券股份有限公司	15	27	393
安信证券股份有限公司	16	52	763
中泰证券股份有限公司	17	55	600
浙商证券股份有限公司	18	17	147
兴业证券股份有限公司	19	62	917
华创证券有限责任公司	20	40	602
东北证券股份有限公司	21	68	812
广发证券股份有限公司	22	77	691
招商证券股份有限公司	23	94	793
广州广证恒生证券投资咨询有限公司	24	11	80
方正证券股份有限公司	25	46	520

证券公司名称	排名	分析师数量	发布研报数量
群益证券(香港)有限公司	26	13	142
长城证券股份有限公司	27	35	171
国信证券股份有限公司	28	38	382
太平洋证券股份有限公司	29	44	398
北京高华证券有限责任公司	30	11	32
长城国瑞证券有限公司	31	6	60
华泰证券股份有限公司	32	59	503
川财证券有限责任公司	33	7	50
光大证券股份有限公司	34	45	355
中银国际证券股份有限公司	35	34	212
上海申银万国证券研究所有限公司	36	105	744
民生证券股份有限公司	37	77	604
国泰君安证券股份有限公司	38	149	641
东方证券股份有限公司	39	32	260
新时代证券股份有限公司	40	18	213
华鑫证券有限责任公司	41	8	93
中国国际金融股份有限公司	42	74	761
长江证券股份有限公司	43	55	178
国联证券股份有限公司	44	19	252
山西证券股份有限公司	45	9	71
中原证券股份有限公司	46	6	94
信达证券股份有限公司	47	25	164
华融证券股份有限公司	48	3	6
国海证券股份有限公司	49	24	457
国金证券股份有限公司	50	34	393
东莞证券股份有限公司	51	13	84
联讯证券股份有限公司	52	12	225

（续表）

证券公司名称	排名	分析师数量	发布研报数量
国元证券股份有限公司	53	18	75
华安证券股份有限公司	54	7	55
中信建投证券股份有限公司	55	43	533
辉立证券集团	56	5	30
渤海证券股份有限公司	57	17	63
中国中投证券有限责任公司	58	15	59
红塔证券股份有限公司	59	1	1
爱建证券有限责任公司	60	3	17
中国银河证券股份有限公司	61	16	61
西部证券股份有限公司	62	1	3
中航证券有限公司	63	20	43
网信证券有限责任公司	64	3	4
世纪证券有限责任公司	65	2	2
国盛证券有限责任公司	66	8	9
开源证券股份有限公司	67	4	16
国开证券股份有限公司	68	6	14
恒泰证券股份有限公司	69	2	4
西藏东方财富证券股份有限公司	70	3	5
元大证券(香港)有限公司	71	2	2
中邮证券有限责任公司	72	2	3
中国银河国际证券(香港)有限公司	73	2	1

由表5-2可以看出,在2017年5月1日至2018年4月30日期间内,从分析师最佳表现维度对证券公司预测准确性进行综合评价,排在前五名的证券公司分别是：东海证券股份有限公司(活动分析师1名,共发布研报1份)、华金证券股份有限公司(活动分析师12名,共发布研报305份)、交银国际证券有限公司(活动分析师4名,共发布研报6份)、财通证券股份有限公司(活动分析师12名,共发布研报210份)和上海证券有限责任公司(活动分析师12名,共发布研报148份)。

表 5-3 一年期证券公司明星分析师席位排名—平均表现维度
(2017. 05. 01—2018. 04. 30)

证券公司名称	排名	明星分析师数量	证券公司分析师数量	证券公司发布研报数量
中国国际金融股份有限公司	1	8	74	761
长江证券股份有限公司	2	7	55	178
信达证券股份有限公司	3	6	25	164
中信建投证券股份有限公司	4	6	43	533
西南证券股份有限公司	5	5	32	510
安信证券股份有限公司	6	5	52	763
平安证券股份有限公司	7	5	53	376
上海申银万国证券研究所有限公司	8	5	105	744
中信证券股份有限公司	9	4	55	560
中泰证券股份有限公司	10	4	55	600
兴业证券股份有限公司	11	4	62	917
东北证券股份有限公司	12	4	68	812
广州广证恒生证券投资咨询有限公司	13	3	11	80
浙商证券股份有限公司	14	3	17	147
中航证券有限公司	15	3	20	43
长城证券股份有限公司	16	3	35	171
太平洋证券股份有限公司	17	3	44	398
方正证券股份有限公司	18	3	46	520
民生证券股份有限公司	19	3	77	604
广发证券股份有限公司	20	3	77	691
国泰君安证券股份有限公司	21	3	149	641
中银国际证券有限责任公司	22	2	34	212
国金证券股份有限公司	23	2	34	393
东吴证券股份有限公司	24	2	39	420
华泰证券股份有限公司	25	2	59	503

（续表）

证券公司名称	排名	明星分析师数量	证券公司分析师数量	证券公司发布研报数量
天风证券股份有限公司	26	2	70	855
招商证券股份有限公司	27	2	94	793
东海证券股份有限公司	28	1	1	1
华融证券股份有限公司	29	1	3	6
首创证券有限责任公司	30	1	3	11
万联证券股份有限公司	31	1	4	22
长城国瑞证券有限公司	32	1	6	60
川财证券有限责任公司	33	1	7	50
财富证券有限责任公司	34	1	7	146
山西证券股份有限公司	35	1	9	71
财通证券股份有限公司	36	1	12	210
联讯证券股份有限公司	37	1	12	225
中国中投证券有限责任公司	38	1	15	59
新时代证券股份有限公司	39	1	18	213
国海证券股份有限公司	40	1	24	457
东兴证券股份有限公司	41	1	27	393
东方证券股份有限公司	42	1	32	260
国信证券股份有限公司	43	1	38	382
华创证券有限责任公司	44	1	40	602
海通证券股份有限公司	45	1	85	992
红塔证券股份有限公司	46	0	1	1
西部证券股份有限公司	47	0	1	3
中国银河国际证券（香港）有限公司	48	0	2	1
世纪证券有限责任公司	49	0	2	2
元大证券（香港）有限公司	50	0	2	2
中邮证券有限责任公司	51	0	2	3

证券公司名称	排名	明星分析师数量	证券公司分析师数量	证券公司发布研报数量
恒泰证券股份有限公司	52	0	2	4
网信证券有限责任公司	53	0	3	4
西藏东方财富证券股份有限公司	54	0	3	5
爱建证券有限责任公司	55	0	3	17
交银国际证券有限公司	56	0	4	6
开源证券股份有限公司	57	0	4	16
辉立证券集团	58	0	5	30
国开证券股份有限公司	59	0	6	14
中原证券股份有限公司	60	0	6	94
华安证券股份有限公司	61	0	7	55
国盛证券有限责任公司	62	0	8	9
华鑫证券有限责任公司	63	0	8	93
北京高华证券有限责任公司	64	0	11	32
上海证券有限责任公司	65	0	12	148
华金证券股份有限公司	66	0	12	305
东莞证券股份有限公司	67	0	13	84
群益证券(香港)有限公司	68	0	13	142
中国银河证券股份有限公司	69	0	16	61
渤海证券股份有限公司	70	0	17	63
国元证券股份有限公司	71	0	18	75
国联证券股份有限公司	72	0	19	252
光大证券股份有限公司	73	0	45	355

　　根据 1.2 节所述行业划分方法,2017.05.01—2018.04.30 期间内 24 个行业共产生明星分析师 120 名。由表 5-3 可以看出,在 2017 年 5 月 1 日至 2018 年 4 月 30 日期间内,从分析师平均表现维度评选明星分析师并在此基础上对证券公司实力进行评价,排在前五名的证券公司分别是:中国国际金融股份有限公司(拥有

明星分析师 8 名,活动分析师 74 名,共发布研报 761 份)、长江证券股份有限公司(拥有明星分析师 7 名,活动分析师 55 名,共发布研报 178 份)、信达证券股份有限公司(拥有明星分析师 6 名,活动分析师 25 名,共发布研报 164 份)、中信建投证券股份有限公司(拥有明星分析师 6 名,活动分析师 43 名,共发布研报 533 份)和西南证券股份有限公司(拥有明星分析师 5 名,活动分析师 32 名,共发布研报 510 份),安信证券股份有限公司(拥有明星分析师 5 名,活动分析师 52 名,共发布研报 763 份)、平安证券股份有限公司(拥有明星分析师 5 名,活动分析师 53 名,共发布研报 376 份)和上海申银万国证券研究所有限公司(拥有明星分析师 5 名,活动分析师 105 名,共发布研报 744 份)与西南证券股份有限公司明星分析师席位相同,并列第五名。

表 5-4　一年期证券公司明星分析师席位排名—最佳表现维度
(2017.05.01—2018.04.30)

证券公司名称	排名	明星分析师数量	证券公司分析师数量	证券公司发布研报数量
海通证券股份有限公司	1	7	85	992
兴业证券股份有限公司	2	6	62	917
广发证券股份有限公司	3	6	77	691
招商证券股份有限公司	4	6	94	793
安信证券股份有限公司	5	5	52	763
华泰证券股份有限公司	6	5	59	503
东北证券股份有限公司	7	5	68	812
中国国际金融股份有限公司	8	5	74	761
国泰君安证券股份有限公司	9	5	149	641
西南证券股份有限公司	10	4	32	510
中信建投证券股份有限公司	11	4	43	533
平安证券股份有限公司	12	4	53	376
上海申银万国证券研究所有限公司	13	4	105	744
财通证券股份有限公司	14	3	12	210
东方证券股份有限公司	15	3	32	260
中银国际证券股份有限公司	16	3	34	212
中信证券股份有限公司	17	3	55	560

（续表）

证券公司名称	排名	明星分析师数量	证券公司分析师数量	证券公司发布研报数量
民生证券股份有限公司	18	3	77	604
山西证券股份有限公司	19	2	9	71
新时代证券股份有限公司	20	2	18	213
国联证券股份有限公司	21	2	19	252
东兴证券股份有限公司	22	2	27	393
国金证券股份有限公司	23	2	34	393
长城证券股份有限公司	24	2	35	171
东吴证券股份有限公司	25	2	39	420
光大证券股份有限公司	26	2	45	355
方正证券股份有限公司	27	2	46	520
天风证券股份有限公司	28	2	70	855
爱建证券有限责任公司	29	1	3	17
万联证券股份有限公司	30	1	4	22
辉立证券集团	31	1	5	30
川财证券有限责任公司	32	1	7	50
华安证券股份有限公司	33	1	7	55
财富证券有限责任公司	34	1	7	146
国盛证券有限责任公司	35	1	8	9
华鑫证券有限责任公司	36	1	8	93
上海证券有限责任公司	37	1	12	148
华金证券股份有限公司	38	1	12	305
东莞证券股份有限公司	39	1	13	84
中国中投证券有限责任公司	40	1	15	59
中国银河证券股份有限公司	41	1	16	61
中航证券有限公司	42	1	20	43
国海证券股份有限公司	43	1	24	457

（续表）

证券公司名称	排名	明星分析师数量	证券公司分析师数量	证券公司发布研报数量
国信证券股份有限公司	44	1	38	382
华创证券有限责任公司	45	1	40	602
太平洋证券股份有限公司	46	1	44	398
长江证券股份有限公司	47	1	55	178
东海证券股份有限公司	48	0	1	1
红塔证券股份有限公司	49	0	1	1
西部证券股份有限公司	50	0	1	3
中国银河国际证券（香港）有限公司	51	0	2	1
世纪证券有限责任公司	52	0	2	2
元大证券（香港）有限公司	53	0	2	2
中邮证券有限责任公司	54	0	2	3
恒泰证券股份有限公司	55	0	2	4
网信证券有限责任公司	56	0	3	4
西藏东方财富证券股份有限公司	57	0	3	5
华融证券股份有限公司	58	0	3	6
首创证券有限责任公司	59	0	3	11
交银国际证券有限公司	60	0	4	6
开源证券股份有限公司	61	0	4	16
国开证券股份有限公司	62	0	6	14
长城国瑞证券有限公司	63	0	6	60
中原证券股份有限公司	64	0	6	94
北京高华证券有限责任公司	65	0	11	32
广州广证恒生证券投资咨询有限公司	66	0	11	80
联讯证券股份有限公司	67	0	12	225
群益证券（香港）有限公司	68	0	13	142
渤海证券股份有限公司	69	0	17	63

（续表）

证券公司名称	排名	明星分析师数量	证券公司分析师数量	证券公司发布研报数量
浙商证券股份有限公司	70	0	17	147
国元证券股份有限公司	71	0	18	75
信达证券股份有限公司	72	0	25	164
中泰证券股份有限公司	73	0	55	600

根据 1.2 节所述行业划分方法,2017.05.01—2018.04.30 期间内 24 个行业共产生明星分析师 120 名。由表 5-4 可以看出,在 2017 年 5 月 1 日至 2018 年 4 月 30 日期间内,从分析师最佳表现维度评选明星分析师并在此基础上对证券公司实力进行评价,排在前五名的证券公司分别是:海通证券股份有限公司(拥有明星分析师 7 名,活动分析师 85 名,共发布研报 992 份)、兴业证券股份有限公司(拥有明星分析师 6 名,活动分析师 62 名,共发布研报 917 份)、广发证券股份有限公司(拥有明星分析师 6 名,活动分析师 77 名,共发布研报 691 份)、招商证券股份有限公司(拥有明星分析师 6 名,活动分析师 94 名,共发布研报 793 份)和安信证券股份有限公司(拥有明星分析师 5 名,活动分析师 52 名,共发布研报 763 份),华泰证券股份有限公司(拥有明星分析师 5 名,活动分析师 59 名,共发布研报 503 份)、东北证券股份有限公司(拥有明星分析师 5 名,活动分析师 68 名,共发布研报 812 份)、中国国际金融股份有限公司(拥有明星分析师 5 名,活动分析师 74 名,共发布研报 761 份)和国泰君安证券股份有限公司(拥有明星分析师 5 名,活动分析师 149 名,共发布研报 641 份)与安信证券股份有限公司明星分析师席位相同,并列第五名。

6　三年期证券公司预测准确性评价

6.1　数据来源与样本说明

　　三年期证券公司预测准确性评价的数据期间为 2015 年 5 月 1 日至 2018 年 4 月 30 日。证券公司预测准确性评分在其下属分析师预测准确性基础上汇总计算得出。所有分析师预测数据来源于 CSMAR 数据库,涉及指标包括分析师姓名、分析师编码、所属证券公司名称、预测公司证券代码、证券简称、预测终止日、预测每股收益及实际每股收益。分析师样本筛选原则同 1.2 节所述。在对证券公司预测准确性表现进行评价时,我们只对连续三年每年至少存在一名活动分析师的证券公司进行了排名。经上述筛选后,最终得到参与三年期证券公司预测准确性评价的证券公司共 62 家。

　　在对证券公司预测准确性进行评价时,我们从证券公司预测准确性综合表现和证券公司明星分析师数量两个角度进行评价,具体计算方法如下:

　　(1)证券公司预测准确性综合评价—平均表现维度

　　从分析师平均表现维度对证券公司预测准确性进行综合评价时,我们首先按照第五章的做法分别计算出 2015.05.01—2018.04.30 三个年度中证券公司每年的平均表现维度得分,在此基础上对三年得分求平均得到证券公司三年预测准确度得分,以此为基础按三年均分由低到高排序,若均分相同,年均分析师数量多的优先,若仍相同,年均发布研报数量多的优先,按上述标准对证券公司三年期预测准确性进行评价。

　　(2)证券公司预测准确性综合评价—最佳表现维度

　　从分析师最佳表现维度对证券公司预测准确性进行综合评价时,我们首先按照第五章的做法分别计算出 2015.05.01—2018.04.30 三个年度中证券公司每年的最佳表现维度得分,在此基础上对三年得分求平均得到证券公司三年预测准确度得分,以此为基础按三年均分由低到高排序,若均分相同,年均分析师数量多的优先,若仍相同,年均发布研报数量多的优先,按上述标准对证券公司三年期预测准确性进行评价。

（3）证券公司明星分析师席位排名—平均表现维度

从分析师平均表现维度评选明星分析师并在此基础上对证券公司实力进行评价时，我们首先按照第五章的做法分别计算出 2015.05.01—2018.04.30 三个年度中每个年度证券公司拥有的明星分析师席位（平均表现维度），在此基础上将证券公司三年明星分析师数量加总，得到证券公司三年明星分析师总量，并按证券公司产生明星的总量由高到低进行排序，对证券公司进行评价。在明星分析师总量相同时，分析师总量少的证券公司优先；若分析师总量也相同，则期间发布研究报告少的证券公司优先；若仍相同，按证券公司名称排序。

（4）证券公司明星分析师席位排名—最佳表现维度

从分析师最佳表现维度评选明星分析师并在此基础上对证券公司实力进行评价时，我们首先按照第五章的做法分别计算出 2015.05.01—2018.04.30 三个年度中每个年度证券公司拥有的明星分析师席位（最佳表现维度），在此基础上将证券公司三年明星分析师数量加总，得到证券公司三年明星分析师总量，并按证券公司产生明星的总量由高到低进行排序，对证券公司进行评价。在明星分析师总量相同时，分析师总量少的证券公司优先；若分析师总量也相同，则期间发布研究报告少的证券公司优先；若仍相同，按证券公司名称排序。

6.2　三年期证券公司预测准确性评价结果

表 6-1　三年期证券公司预测准确性综合评价—平均表现维度
（2015.05.01—2018.04.30）

证券公司名称	排名	年均分析师数量	年均研报数量
中国国际金融股份有限公司	1	61	702
天风证券股份有限公司	2	36	420
广州广证恒生证券投资咨询有限公司	3	11	62
交银国际证券有限公司	4	3	4
浙商证券股份有限公司	5	13	110
中泰证券股份有限公司	6	40	443
群益证券(香港)有限公司	7	12	138
平安证券股份有限公司	8	48	336
东吴证券股份有限公司	9	28	354
东方证券股份有限公司	10	25	180

（续表）

证券公司名称	排名	年均分析师数量	年均研报数量
上海申银万国证券研究所有限公司	11	99	662
北京高华证券有限责任公司	12	15	51
广发证券股份有限公司	13	59	638
长江证券股份有限公司	14	45	574
国联证券股份有限公司	15	16	241
招商证券股份有限公司	16	74	611
长城证券股份有限公司	17	24	172
华创证券有限责任公司	18	25	370
国信证券股份有限公司	19	31	272
万联证券有限责任公司	20	3	14
西南证券股份有限公司	21	23	423
太平洋证券股份有限公司	22	32	251
华泰证券股份有限公司	23	52	546
光大证券股份有限公司	24	30	268
上海证券有限责任公司	25	13	94
国海证券股份有限公司	26	17	371
信达证券股份有限公司	27	22	142
国金证券股份有限公司	28	34	355
东北证券股份有限公司	29	58	582
方正证券股份有限公司	30	39	382
中信证券股份有限公司	31	54	517
华金证券股份有限公司	32	8	199
安信证券股份有限公司	33	47	688
兴业证券股份有限公司	34	53	814
国泰君安证券股份有限公司	35	126	726
海通证券股份有限公司	36	69	1047
长城国瑞证券有限公司	37	4	46

（续表）

证券公司名称	排名	年均分析师数量	年均研报数量
财富证券有限责任公司	38	11	133
东兴证券股份有限公司	39	25	332
华安证券股份有限公司	40	8	49
民生证券股份有限公司	41	66	407
联讯证券股份有限公司	42	7	133
华鑫证券有限责任公司	43	6	67
中国中投证券有限责任公司	44	30	152
辉立证券集团	45	5	27
中银国际证券股份有限公司	46	29	204
渤海证券股份有限公司	47	16	78
中信建投证券股份有限公司	48	40	426
世纪证券有限责任公司	49	2	7
川财证券有限责任公司	50	7	39
中航证券有限公司	51	14	32
中国银河证券股份有限公司	52	28	179
开源证券股份有限公司	53	3	12
爱建证券有限责任公司	54	3	18
中原证券股份有限公司	55	8	60
首创证券有限责任公司	56	4	14
华融证券股份有限公司	57	7	32
国元证券股份有限公司	58	21	78
元大证券（香港）有限公司	59	10	28
山西证券股份有限公司	60	7	35
恒泰证券股份有限公司	61	4	21
国开证券股份有限公司	62	3	6

　　由表6-1可以看出,在2015年5月1日至2018年4月30日期间内,从分析师平均表现维度对证券公司预测准确性进行综合评价,排在前五名的证券公司分

别是：中国国际金融股份有限公司（年均活动分析师 61 名，年均发布研报 702
份）、天风证券股份有限公司（年均活动分析师 36 名，年均发布研报 420 份）、广州
广证恒生证券投资咨询有限公司（年均活动分析师 11 名，年均发布研报 62 份）、交
银国际证券有限公司（年均活动分析师 3 名，年均发布研报 4 份）和浙商证券股份
有限公司（年均活动分析师 13 名，年均发布研报 110 份）。

表 6-2 三年期证券公司预测准确性综合评价—最佳表现维度
（2015.05.01—2018.04.30）

证券公司名称	排名	年均分析师数量	年均研报数量
华金证券股份有限公司	1	8	199
海通证券股份有限公司	2	69	1047
群益证券（香港）有限公司	3	12	138
兴业证券股份有限公司	4	53	814
西南证券股份有限公司	5	23	423
安信证券股份有限公司	6	47	688
中信证券股份有限公司	7	54	517
中国国际金融股份有限公司	8	61	702
广发证券股份有限公司	9	59	638
东吴证券股份有限公司	10	28	354
国信证券股份有限公司	11	31	272
广州广证恒生证券投资咨询有限公司	12	11	62
国联证券股份有限公司	13	16	241
华泰证券股份有限公司	14	52	546
平安证券股份有限公司	15	48	336
交银国际证券有限公司	16	3	4
中泰证券股份有限公司	17	40	443
长江证券股份有限公司	18	45	574
国泰君安证券股份有限公司	19	126	726
东北证券股份有限公司	20	58	582
长城国瑞证券有限公司	21	4	46
方正证券股份有限公司	22	39	382

（续表）

证券公司名称	排名	年均分析师数量	年均研报数量
光大证券股份有限公司	23	30	268
浙商证券股份有限公司	24	13	110
国金证券股份有限公司	25	34	355
民生证券股份有限公司	26	66	407
招商证券股份有限公司	27	74	611
东兴证券股份有限公司	28	25	332
国海证券股份有限公司	29	17	371
上海证券有限责任公司	30	13	94
财富证券有限责任公司	31	11	133
上海申银万国证券研究所有限公司	32	99	662
首创证券有限责任公司	33	4	14
长城证券股份有限公司	34	24	172
华鑫证券有限责任公司	35	6	67
东方证券股份有限公司	36	25	180
华创证券有限责任公司	37	25	370
信达证券股份有限公司	38	22	142
天风证券股份有限公司	39	36	420
北京高华证券有限责任公司	40	15	51
中信建投证券股份有限公司	41	40	426
中银国际证券股份有限公司	42	29	204
太平洋证券股份有限公司	43	32	251
渤海证券股份有限公司	44	16	78
万联证券有限责任公司	45	3	14
辉立证券集团	46	5	27
中国中投证券有限责任公司	47	30	152
国元证券股份有限公司	48	21	78
爱建证券有限责任公司	49	3	18

（续表）

证券公司名称	排名	年均分析师数量	年均研报数量
华融证券股份有限公司	50	7	32
华安证券股份有限公司	51	8	49
中国银河证券股份有限公司	52	28	179
开源证券股份有限公司	53	3	12
中原证券股份有限公司	54	8	60
山西证券股份有限公司	55	7	35
川财证券有限责任公司	56	7	39
联讯证券股份有限公司	57	7	133
中航证券有限公司	58	14	32
世纪证券有限责任公司	59	2	7
元大证券(香港)有限公司	60	10	28
恒泰证券股份有限公司	61	4	21
国开证券股份有限公司	62	3	6

由表6-2可以看出,在2015年5月1日至2018年4月30日期间内,从分析师最佳表现维度对证券公司预测准确性进行综合评价,排在前五名的证券公司分别是:华金证券股份有限公司(年均活动分析师8名,年均发布研报199份)、海通证券股份有限公司(年均活动分析师69名,年均发布研报1047份)、群益证券(香港)有限公司(年均活动分析师12名,年均发布研报138份)、兴业证券股份有限公司(年均活动分析师53名,年均发布研报814份)和西南证券股份有限公司(年均活动分析师23名,年均发布研报423份)。

表6-3 三年期证券公司明星分析师席位排名—平均表现维度
(2015.05.01—2018.04.30)

证券公司名称	排名	明星分析师总量	证券公司分析师总量	证券公司研报总量
民生证券股份有限公司	1	17	197	1 220
中泰证券股份有限公司	2	16	121	1 330
中国国际金融股份有限公司	3	16	183	2 106
中信建投证券股份有限公司	4	14	119	1 279

（续表）

证券公司名称	排名	明星分析师总量	证券公司分析师总量	证券公司研报总量
上海申银万国证券研究所有限公司	5	14	296	1 986
方正证券股份有限公司	6	13	117	1 147
长江证券股份有限公司	7	12	136	1 721
兴业证券股份有限公司	8	12	158	2 442
招商证券股份有限公司	9	12	221	1 832
国泰君安证券股份有限公司	10	12	379	2 177
安信证券股份有限公司	11	11	141	2 064
华泰证券股份有限公司	12	11	157	1 637
中信证券股份有限公司	13	11	161	1 552
广发证券股份有限公司	14	11	178	1 913
海通证券股份有限公司	15	11	208	3 140
平安证券股份有限公司	16	10	143	1 008
东北证券股份有限公司	17	10	174	1 747
浙商证券股份有限公司	18	9	40	330
信达证券股份有限公司	19	9	65	427
西南证券股份有限公司	20	8	70	1 269
国金证券股份有限公司	21	8	103	1 065
天风证券股份有限公司	22	8	109	1 260
东兴证券股份有限公司	23	6	76	995
东吴证券股份有限公司	24	6	85	1 061
中国中投证券有限责任公司	25	6	90	456
广州广证恒生证券投资咨询有限公司	26	5	32	186
中航证券有限公司	27	5	43	95
长城证券股份有限公司	28	5	71	515
华创证券有限责任公司	29	5	76	1 111
中国银河证券股份有限公司	30	5	83	536

（续表）

证券公司名称	排名	明星分析师总量	证券公司分析师总量	证券公司研报总量
太平洋证券股份有限公司	31	5	95	754
北京高华证券有限责任公司	32	4	45	153
中银国际证券有限责任公司	33	4	87	612
长城国瑞证券有限公司	34	3	12	139
华融证券股份有限公司	35	3	21	96
财富证券有限责任公司	36	3	34	400
国海证券股份有限公司	37	3	52	1 112
光大证券股份有限公司	38	3	91	803
川财证券有限责任公司	39	2	22	116
华金证券股份有限公司	40	2	23	598
群益证券（香港）有限公司	41	2	37	414
渤海证券股份有限公司	42	2	48	235
东方证券股份有限公司	43	2	76	541
国信证券股份有限公司	44	2	92	815
万联证券股份有限公司	45	1	10	41
首创证券有限责任公司	46	1	11	41
恒泰证券股份有限公司	47	1	11	63
辉立证券集团	48	1	14	81
山西证券股份有限公司	49	1	20	105
联讯证券股份有限公司	50	1	20	399
中原证券股份有限公司	51	1	23	179
元大证券（香港）有限公司	52	1	29	85
世纪证券有限责任公司	53	0	7	20
交银国际证券有限公司	54	0	8	11
国开证券股份有限公司	55	0	8	18
开源证券股份有限公司	56	0	9	36

（续表）

证券公司名称	排名	明星分析师总量	证券公司分析师总量	证券公司研报总量
爱建证券有限责任公司	57	0	10	53
华鑫证券有限责任公司	58	0	17	200
华安证券股份有限公司	59	0	23	148
上海证券有限责任公司	60	0	40	281
国联证券股份有限公司	61	0	47	723
国元证券股份有限公司	62	0	62	235

根据 1.2 节所属行业划分方法,2015.05.01—2018.04.30 三个年度共产生明星分析师 355 名[①]。由表 6-3 可以看出,在 2015 年 5 月 1 日至 2018 年 4 月 30 日期间内,从分析师平均表现维度评选明星分析师并在此基础上对证券公司实力进行评价,排在前五名的证券公司分别是:民生证券股份有限公司(拥有明星分析师累计 17 名,活动分析师累计 197 名,发布研报累计 1 220 份)、中泰证券股份有限公司(拥有明星分析师累计 16 名,活动分析师累计 121 名,发布研报累计 1 330份)、中国国际金融股份有限公司(拥有明星分析师累计 16 名,活动分析师累计 183 名,发布研报累计 2 106 份)、中信建投证券股份有限公司(拥有明星分析师累计 14 名,活动分析师累计 119 名,发布研报累计 1 279 份)和上海申银万国证券研究所有限公司(拥有明星分析师累计 14 名,活动分析师累计 296 名,发布研报累计 1 986 份)。

表 6-4 三年期证券公司明星分析师席位排名—最佳表现维度
(2015.05.01—2018.04.30)

证券公司名称	排名	明星分析师总量	证券公司分析师总量	证券公司研报总量
中国国际金融股份有限公司	1	30	183	2 106
兴业证券股份有限公司	2	21	158	2 442
上海申银万国证券研究所有限公司	3	16	296	1 986

---

① 2016.05.01—2017.04.30 期间、2017.05.01—2018.04.30 期间每期 24 个行业,每期产生明星分析师席位 120 个;2015.05.01—2016.04.30 期间 23 个行业,产生明星分析师席位 115 个。因存在单期内拥有明星分析师但未能保证每期存在至少一名活动分析师而未被纳入三年评价的证券公司,表中列示的明星分析师数量总和小于 355。五年期证券公司评价同理。

（续表）

证券公司名称	排名	明星分析师总量	证券公司分析师总量	证券公司研报总量
华泰证券股份有限公司	4	15	157	1 637
广发证券股份有限公司	5	15	178	1 913
国泰君安证券股份有限公司	6	15	379	2 177
海通证券股份有限公司	7	14	208	3 140
平安证券股份有限公司	8	13	143	1 008
中信建投证券股份有限公司	9	12	119	1 279
中信证券股份有限公司	10	11	161	1 552
中泰证券股份有限公司	11	10	121	1 330
安信证券股份有限公司	12	10	141	2 064
东北证券股份有限公司	13	10	174	1 747
招商证券股份有限公司	14	10	221	1 832
中银国际证券股份有限公司	15	9	87	612
民生证券股份有限公司	16	9	197	1 220
群益证券(香港)有限公司	17	8	37	414
国海证券股份有限公司	18	8	52	1 112
东兴证券股份有限公司	19	8	76	995
长江证券股份有限公司	20	7	136	1 721
东吴证券股份有限公司	21	6	85	1 061
中国中投证券有限责任公司	22	5	90	456
光大证券股份有限公司	23	5	91	803
天风证券股份有限公司	24	5	109	1 260
浙商证券股份有限公司	25	4	40	330
国联证券股份有限公司	26	4	47	723
西南证券股份有限公司	27	4	70	1 269
东方证券股份有限公司	28	4	76	541
国信证券股份有限公司	29	4	92	815

（续表）

证券公司名称	排名	明星分析师总量	证券公司分析师总量	证券公司研报总量
国金证券股份有限公司	30	4	103	1 065
方正证券股份有限公司	31	4	117	1 147
辉立证券集团	32	3	14	81
华金证券股份有限公司	33	3	23	598
信达证券股份有限公司	34	3	65	427
华创证券有限责任公司	35	3	76	1 111
太平洋证券股份有限公司	36	3	95	754
长城国瑞证券有限公司	37	2	12	139
华鑫证券有限责任公司	38	2	17	200
山西证券股份有限公司	39	2	20	105
联讯证券股份有限公司	40	2	20	399
华安证券股份有限公司	41	2	23	148
财富证券有限责任公司	42	2	34	400
上海证券有限责任公司	43	2	40	281
中航证券有限公司	44	2	43	95
北京高华证券有限责任公司	45	2	45	153
渤海证券股份有限公司	46	2	48	235
长城证券股份有限公司	47	2	71	515
中国银河证券股份有限公司	48	2	83	536
万联证券股份有限公司	49	1	10	41
爱建证券有限责任公司	50	1	10	53
恒泰证券股份有限公司	51	1	11	63
华融证券股份有限公司	52	1	21	96
川财证券有限责任公司	53	1	22	116
元大证券（香港）有限公司	54	1	29	85
国元证券股份有限公司	55	1	62	235

(续表)

证券公司名称	排名	明星分析师总量	证券公司分析师总量	证券公司研报总量
世纪证券有限责任公司	56	0	7	20
交银国际证券有限公司	57	0	8	11
国开证券股份有限公司	58	0	8	18
开源证券股份有限公司	59	0	9	36
首创证券有限责任公司	60	0	11	41
中原证券股份有限公司	61	0	23	179
广州广证恒生证券投资咨询有限公司	62	0	32	186

　　根据 1.2 节所属行业划分方法,2015.05.01—2018.04.30 三个年度共产生明星分析师 355 名。由表 6-4 可以看出,在 2015 年 5 月 1 日至 2018 年 4 月 30 日期间内,从分析师最佳表现维度评选明星分析师并在此基础上对证券公司实力进行评价,排在前五名的证券公司分别是:中国国际金融股份有限公司(拥有明星分析师累计 30 名,活动分析师累计 183 名,发布研报累计 2 106 份)、兴业证券股份有限公司(拥有明星分析师累计 21 名,活动分析师累计 158 名,发布研报累计 2 442 份)、上海申银万国证券研究所有限公司(拥有明星分析师累计 16 名,活动分析师累计 296 名,发布研报累计 1 986 份),华泰证券股份有限公司(拥有明星分析师累计 15 名,活动分析师累计 157 名,发布研报累计 1 637 份)、广发证券股份有限公司(拥有明星分析师累计 15 名,活动分析师累计 178 名,发布研报累计 1 913 份)和国泰君安证券股份有限公司(拥有明星分析师累计 15 名,活动分析师累计 379 名,发布研报累计 2 177 份)并列第四名。

7 五年期证券公司预测准确性评价

7.1 数据来源与样本说明

五年期证券公司预测准确性评价的数据期间为 2013 年 5 月 1 日至 2018 年 4 月 30 日。证券公司预测准确性评分在其下属分析师预测准确性基础上汇总计算得出。所有分析师预测数据来源于 CSMAR 数据库,涉及指标包括分析师姓名、分析师编码、所属证券公司名称、预测公司证券代码、证券简称、预测终止日、预测每股收益及实际每股收益。分析师样本筛选原则同 1.2 节所述。在对证券公司预测准确性表现进行评价时,我们只对连续五年每年至少存在一名活动分析师的证券公司进行了排名。经上述筛选后,最终得到参与五年期证券公司预测准确性评价的证券公司共 55 家。

在对证券公司预测准确性进行评价时,我们从证券公司预测准确性综合表现和证券公司明星分析师数量两个角度进行评价,具体计算方法如下:

(1)证券公司预测准确性综合评价—平均表现维度

从分析师平均表现维度对证券公司预测准确性进行综合评价时,我们首先按照第五章的做法分别计算出 2013.05.01—2018.04.30 五个年度中证券公司每年的平均表现维度得分,在此基础上对五年得分求平均得到证券公司五年预测准确度得分,以此为基础按五年均分由低到高排序,若均分相同,年均分析师数量多的优先,若仍相同,年均发布研报数量多的优先,按上述标准对证券公司五年期预测准确性进行评价。

(2)证券公司预测准确性综合评价—最佳表现维度

从分析师最佳表现维度对证券公司预测准确性进行综合评价时,我们首先按照第五章的做法分别计算出 2013.05.01—2018.04.30 五个年度中证券公司每年的最佳表现维度得分,在此基础上对五年得分求平均得到证券公司五年预测准确度得分,以此为基础按五年均分由低到高排序,若均分相同,年均分析师数量多的优先,若仍相同,年均发布研报数量多的优先,按上述标准对证券公司五年期预测准确性进行评价。

（3）证券公司明星分析师席位排名—平均表现维度

从分析师平均表现维度评选明星分析师并在此基础上对证券公司实力进行评价时，我们首先按照第五章的做法分别计算出 2013.05.01—2018.04.30 五个年度中每个年度证券公司拥有的明星分析师席位（平均表现维度），在此基础上将证券公司五年明星分析师数量加总，得到证券公司五年明星分析师总量，并按证券公司产生明星的总量由高到低进行排序，对证券公司进行评价。在明星分析师总量相同时，分析师总量少的证券公司优先；若分析师总量也相同，则期间发布研究报告少的证券公司优先；若仍相同，按证券公司名称排序。

（4）证券公司明星分析师席位排名—最佳表现维度

从分析师最佳表现维度评选明星分析师并在此基础上对证券公司实力进行评价时，我们首先按照第五章的做法分别计算出 2013.05.01—2018.04.30 五个年度中每个年度证券公司拥有的明星分析师席位（最佳表现维度），在此基础上将证券公司五年明星分析师数量加总，得到证券公司五年明星分析师总量，并按证券公司产生明星的总量由高到低进行排序，对证券公司进行评价。在明星分析师总量相同时，分析师总量少的证券公司优先；若分析师总量也相同，则期间发布研究报告少的证券公司优先；若仍相同，按证券公司名称排序。

7.2 五年期证券公司预测准确性评价结果

表 7-1 五年期证券公司预测准确性综合评价—平均表现维度
（2013.05.01—2018.04.30）

证券公司名称	排名	年均分析师数量	年均研报数量
中国国际金融股份有限公司	1	58	636
长城国瑞证券有限公司	2	3	29
中泰证券股份有限公司	3	36	357
群益证券（香港）有限公司	4	13	152
浙商证券股份有限公司	5	14	109
平安证券股份有限公司	6	47	322
国联证券股份有限公司	7	13	189
上海申银万国证券研究所有限公司	8	93	631
北京高华证券有限责任公司	9	16	63
广发证券股份有限公司	10	56	553

（续表）

证券公司名称	排名	年均分析师数量	年均研报数量
东方证券股份有限公司	11	34	206
华安证券股份有限公司	12	7	39
招商证券股份有限公司	13	72	572
长江证券股份有限公司	14	41	573
华泰证券股份有限公司	15	59	494
爱建证券有限责任公司	16	4	17
国海证券股份有限公司	17	20	286
长城证券股份有限公司	18	24	209
海通证券股份有限公司	19	70	894
华创证券有限责任公司	20	27	311
安信证券股份有限公司	21	46	589
中国中投证券有限责任公司	22	30	155
中信证券股份有限公司	23	59	509
兴业证券股份有限公司	24	54	730
国信证券股份有限公司	25	36	262
财富证券有限责任公司	26	9	86
开源证券股份有限公司	27	3	13
东北证券股份有限公司	28	45	469
广州广证恒生证券投资咨询有限公司	29	12	59
信达证券股份有限公司	30	22	145
西南证券股份有限公司	31	22	339
国泰君安证券股份有限公司	32	115	706
方正证券股份有限公司	33	36	322
国金证券股份有限公司	34	37	334
上海证券有限责任公司	35	16	115

（续表）

证券公司名称	排名	年均分析师数量	年均研报数量
太平洋证券股份有限公司	36	22	160
光大证券股份有限公司	37	33	291
万联证券有限责任公司	38	4	24
中航证券有限公司	39	13	34
中信建投证券股份有限公司	40	42	380
世纪证券有限责任公司	41	5	27
东吴证券股份有限公司	42	21	220
民生证券股份有限公司	43	57	384
东兴证券股份有限公司	44	28	312
渤海证券股份有限公司	45	16	70
中国银河证券股份有限公司	46	34	226
中银国际证券股份有限公司	47	32	225
华金证券股份有限公司	48	6	128
华融证券股份有限公司	49	8	44
联讯证券股份有限公司	50	6	111
川财证券有限责任公司	51	6	25
山西证券股份有限公司	52	11	101
中原证券股份有限公司	53	8	44
国元证券股份有限公司	54	17	60
首创证券有限责任公司	55	3	10

由表7-1可以看出,在2013年5月1日至2018年4月30日期间内,从分析师平均表现维度对证券公司预测准确性进行综合评价,排在前五名的证券公司分别是:中国国际金融股份有限公司(年均活动分析师58名,年均发布研报636份)、长城国瑞证券有限公司(年均活动分析师3名,年均发布研报29份)、中泰证券股份有限公司(年均活动分析师36名,年均发布研报357份)、群益证券(香港)有限公司(年均活动分析师13名,年均发布研报152份)和浙商证券股份有限公司

（年均活动分析师 14 名,年均发布研报 109 份）。

表 7-2　五年期证券公司预测准确性综合评价—最佳表现维度
(2013.05.01—2018.04.30)

证券公司名称	排名	年均分析师数量	年均研报数量
群益证券(香港)有限公司	1	13	152
海通证券股份有限公司	2	70	894
中国国际金融股份有限公司	3	58	636
兴业证券股份有限公司	4	54	730
中信证券股份有限公司	5	59	509
东北证券股份有限公司	6	45	469
西南证券股份有限公司	7	22	339
广发证券股份有限公司	8	56	553
安信证券股份有限公司	9	46	589
长江证券股份有限公司	10	41	573
平安证券股份有限公司	11	47	322
国泰君安证券股份有限公司	12	115	706
国联证券股份有限公司	13	13	189
国信证券股份有限公司	14	36	262
华泰证券股份有限公司	15	59	494
长城证券股份有限公司	16	24	209
民生证券股份有限公司	17	57	384
中泰证券股份有限公司	18	36	357
招商证券股份有限公司	19	72	572
北京高华证券有限责任公司	20	16	63
浙商证券股份有限公司	21	14	109
方正证券股份有限公司	22	36	322
东兴证券股份有限公司	23	28	312
上海申银万国证券研究所有限公司	24	93	631
光大证券股份有限公司	25	33	291

（续表）

证券公司名称	排名	年均分析师数量	年均研报数量
华金证券股份有限公司	26	6	128
上海证券有限责任公司	27	16	115
国海证券股份有限公司	28	20	286
国金证券股份有限公司	29	37	334
长城国瑞证券有限公司	30	3	29
华创证券有限责任公司	31	27	311
中信建投证券股份有限公司	32	42	380
信达证券股份有限公司	33	22	145
中银国际证券股份有限公司	34	32	225
中国中投证券有限责任公司	35	30	155
东方证券股份有限公司	36	34	206
中国银河证券股份有限公司	37	34	226
广州广证恒生证券投资咨询有限公司	38	12	59
东吴证券股份有限公司	39	21	220
渤海证券股份有限公司	40	16	70
开源证券股份有限公司	41	3	13
山西证券股份有限公司	42	11	101
华融证券股份有限公司	43	8	44
财富证券有限责任公司	44	9	86
万联证券有限责任公司	45	4	24
爱建证券有限责任公司	46	4	17
华安证券股份有限公司	47	7	39
太平洋证券股份有限公司	48	22	160
联讯证券股份有限公司	49	6	111
国元证券股份有限公司	50	17	60
首创证券有限责任公司	51	3	10
世纪证券有限责任公司	52	5	27

（续表）

证券公司名称	排名	年均分析师数量	年均研报数量
中航证券有限公司	53	13	34
中原证券股份有限公司	54	8	44
川财证券有限责任公司	55	6	25

由表 7-2 可以看出,在 2013 年 5 月 1 日至 2018 年 4 月 30 日期间内,从分析师最佳表现维度对证券公司预测准确性进行综合评价,排在前五名的证券公司分别是:群益证券(香港)有限公司(年均活动分析师 13 名,年均发布研报 152 份)、海通证券股份有限公司(年均活动分析师 70 名,年均发布研报 894 份)、中国国际金融股份有限公司(年均活动分析师 58 名,年均发布研报 636 份)、兴业证券股份有限公司(年均活动分析师 54 名,年均发布研报 730 份)和中信证券股份有限公司(年均活动分析师 59 名,年均发布研报 509 份)。

表 7-3　五年期证券公司明星分析师席位排名—平均表现维度
(2013.05.01—2018.04.30)

证券公司名称	排名	明星分析师总量	证券公司分析师总量	证券公司研报总量
民生证券股份有限公司	1	24	286	1 918
兴业证券股份有限公司	2	22	272	3 652
中国国际金融股份有限公司	3	22	289	3 180
国泰君安证券股份有限公司	4	22	574	3 530
海通证券股份有限公司	5	21	349	4 472
方正证券股份有限公司	6	20	178	1 608
招商证券股份有限公司	7	20	362	2 861
中泰证券股份有限公司	8	19	182	1 787
广发证券股份有限公司	9	19	281	2 763
上海申银万国证券研究所有限公司	10	19	466	3 157
东兴证券股份有限公司	11	17	142	1 559
中信建投证券股份有限公司	12	17	211	1 899
中信证券股份有限公司	13	17	297	2 546
长江证券股份有限公司	14	16	205	2 864

（续表）

证券公司名称	排名	明星分析师总量	证券公司分析师总量	证券公司研报总量
安信证券股份有限公司	15	16	229	2 944
华泰证券股份有限公司	16	15	296	2 468
东北证券股份有限公司	17	14	224	2 347
信达证券股份有限公司	18	13	110	727
平安证券股份有限公司	19	13	235	1 612
中航证券有限公司	20	12	66	169
国金证券股份有限公司	21	12	184	1 670
中国银河证券股份有限公司	22	11	169	1 131
浙商证券股份有限公司	23	10	70	543
北京高华证券有限责任公司	24	10	78	315
西南证券股份有限公司	25	10	110	1 695
长城证券股份有限公司	26	10	120	1 045
中国中投证券有限责任公司	27	10	148	776
国信证券股份有限公司	28	10	178	1 309
广州广证恒生证券投资咨询有限公司	29	7	61	293
国海证券股份有限公司	30	7	100	1 430
华创证券有限责任公司	31	7	134	1 554
光大证券股份有限公司	32	7	163	1 454
东吴证券股份有限公司	33	6	105	1 099
太平洋证券股份有限公司	34	6	108	801
中银国际证券有限责任公司	35	6	159	1 124
华融证券股份有限公司	36	5	42	222
东方证券股份有限公司	37	5	168	1 028
财富证券有限责任公司	38	4	44	430
长城国瑞证券有限公司	39	3	15	146
联讯证券股份有限公司	40	3	28	557
山西证券股份有限公司	41	3	56	507

（续表）

证券公司名称	排名	明星分析师总量	证券公司分析师总量	证券公司研报总量
渤海证券股份有限公司	42	3	79	350
上海证券有限责任公司	43	3	79	575
开源证券股份有限公司	44	2	16	66
爱建证券有限责任公司	45	2	20	87
川财证券有限责任公司	46	2	29	127
华金证券股份有限公司	47	2	31	640
华安证券股份有限公司	48	2	35	193
中原证券股份有限公司	49	2	41	220
群益证券(香港)有限公司	50	2	63	759
国联证券股份有限公司	51	2	66	943
国元证券股份有限公司	52	2	86	301
首创证券有限责任公司	53	1	15	50
万联证券股份有限公司	54	1	18	122
世纪证券有限责任公司	55	0	25	134

根据 1.2 节所述行业划分方法,2013.05.01—2018.04.30 五个年度共产生明星分析师 585 名[1]。由表 7-3 可以看出,在 2013 年 5 月 1 日至 2018 年 4 月 30 日期间内,从分析师平均表现维度评选明星分析师并在此基础上对证券公司实力进行评价,排在前五名的证券公司分别是：民生证券股份有限公司(拥有明星分析师累计 24 名,活动分析师累计 286 名,发布研报累计 1 918 份)、兴业证券股份有限公司(拥有明星分析师累计 22 名,活动分析师累计 272 名,发布研报累计 3 652 份)、中国国际金融股份有限公司(拥有明星分析师累计 22 名,活动分析师累计 289 名,发布研报累计 3 180 份)、国泰君安证券股份有限公司(拥有明星分析师累计 22 名,活动分析师累计 574 名,发布研报累计 3 530 份)和海通证券股份有限公司(拥有明星分析师累计 21 名,活动分析师累计 349 名,发布研报累计 4 472 份)。

---

[1]　2016.05.01—2017.04.30 期间、2017.05.01—2018.04.30 期间每期 24 个行业,每期产生明星分析师席位 120 个;2013.05.01—2014.04.30 期间、2014.05.01—2015.04.30 期间及 2015.05.01—2016.04.30 期间每期 23 个行业,每期产生明星分析师席位 115 个。

表7-4 五年期证券公司明星分析师席位排名—最佳表现维度
(2013.05.01—2018.04.30)

证券公司名称	排名	明星分析师总量	证券公司分析师总量	证券公司研报总量
中国国际金融股份有限公司	1	43	289	3 180
上海申银万国证券研究所有限公司	2	28	466	3 157
国泰君安证券股份有限公司	3	28	574	3 530
兴业证券股份有限公司	4	26	272	3 652
安信证券股份有限公司	5	25	229	2 944
广发证券股份有限公司	6	25	281	2 763
海通证券股份有限公司	7	25	349	4 472
华泰证券股份有限公司	8	24	296	2 468
招商证券股份有限公司	9	20	362	2 861
中信证券股份有限公司	10	18	297	2 546
东兴证券股份有限公司	11	16	142	1 559
中信建投证券股份有限公司	12	16	211	1 899
平安证券股份有限公司	13	15	235	1 612
群益证券(香港)有限公司	14	13	63	759
中泰证券股份有限公司	15	13	182	1 787
民生证券股份有限公司	16	13	286	1 918
东北证券股份有限公司	17	12	224	2 347
中银国际证券股份有限公司	18	11	159	1 124
国信证券股份有限公司	19	11	178	1 309
长江证券股份有限公司	20	11	205	2 864
国海证券股份有限公司	21	9	100	1 430
长城证券股份有限公司	22	9	120	1 045
国金证券股份有限公司	23	9	184	1 670
北京高华证券有限责任公司	24	8	78	315
光大证券股份有限公司	25	8	163	1 454
中国银河证券股份有限公司	26	8	169	1 131

（续表）

证券公司名称	排名	明星分析师总量	证券公司分析师总量	证券公司研报总量
中国中投证券有限责任公司	27	7	148	776
东吴证券股份有限公司	28	6	105	1 099
西南证券股份有限公司	29	6	110	1 695
华创证券有限责任公司	30	6	134	1 554
东方证券股份有限公司	31	6	168	1 028
方正证券股份有限公司	32	6	178	1 608
联讯证券股份有限公司	33	4	28	557
华金证券股份有限公司	34	4	31	640
中航证券有限公司	35	4	66	169
国联证券股份有限公司	36	4	66	943
浙商证券股份有限公司	37	4	70	543
信达证券股份有限公司	38	4	110	727
渤海证券股份有限公司	39	3	79	350
上海证券有限责任公司	40	3	79	575
太平洋证券股份有限公司	41	3	108	801
长城国瑞证券有限公司	42	2	15	146
开源证券股份有限公司	43	2	16	66
万联证券股份有限公司	44	2	18	122
华安证券股份有限公司	45	2	35	193
华融证券股份有限公司	46	2	42	222
财富证券有限责任公司	47	2	44	430
山西证券股份有限公司	48	2	56	507
广州广证恒生证券投资咨询有限公司	49	2	61	293
爱建证券有限责任公司	50	1	20	87

(续表)

证券公司名称	排名	明星分析师总量	证券公司分析师总量	证券公司研报总量
世纪证券有限责任公司	51	1	25	134
川财证券有限责任公司	52	1	29	127
国元证券股份有限公司	53	1	86	301
首创证券有限责任公司	54	0	15	50
中原证券股份有限公司	55	0	41	220

　　根据1.2节所述行业划分方法,2013.05.01—2018.04.30五个年度共产生明星分析师585名。由表7-4可以看出,在2013年5月1日至2018年4月30日期间内,从分析师最佳表现维度评选明星分析师并在此基础上对证券公司实力进行评价,排在前五名的证券公司分别是:中国国际金融股份有限公司(拥有明星分析师累计43名,活动分析师累计289名,发布研报累计3 180份)、上海申银万国证券研究所有限公司(拥有明星分析师累计28名,活动分析师累计466名,发布研报累计3 157份)、国泰君安证券股份有限公司(拥有明星分析师累计28名,活动分析师累计574名,发布研报累计3 530份)、兴业证券股份有限公司(拥有明星分析师累计26名,活动分析师累计272名,发布研报累计3 652份)和安信证券股份有限公司(拥有明星分析师累计25名,活动分析师累计229名,发布研报累计2 944份),广发证券股份有限公司(拥有明星分析师累计25名,活动分析师累计281名,发布研报累计2 763份)和海通证券股份有限公司(拥有明星分析师累计25名,活动分析师累计349名,发布研报累计4 472份)与安信证券股份有限公司拥有相同数量的明星分析师,并列第五名。

8 2018年度中国证券分析师与证券公司预测准确性评价总结

我们提出的"中国证券分析师与证券公司预测准确性评价"（Earnings Forecast Accuracy Rating for Chinese Security Analyst & Securities Firm，EFA Rating），通过可验证的关键指标——"盈利预测准确性"对证券分析师及证券公司进行评价。通过这一评价体系，投资者可以了解到每位分析师每股收益预测准确性在同行业证券分析师中的相对排名，证券公司预测能力的整体表现及拥有明星分析师的席位数量，并可以通过对比证券公司体量与其明星分析师数量的比值关系进一步观察证券公司的整体研究实力与效率。

本书运用2013.05.01—2018.04.30期间内证券分析师发布的针对沪深A股上市公司的每股收益预测数据，运用本书创新的证券分析师及证券公司每股收益预测准确性排名的算法，分别计算出一年期、三年期及五年期不同时间跨度上证券分析师及证券公司的EFA Rating排名。在通过对短期、中期及长期的证券分析师及证券公司的排名观察后，我们可以看到尽管资本市场证券分析师群体体量庞大，但证券分析师群体内人员流动性较大，在本书样本中，能够在行业内持续"存活"五年的证券分析师不足统计期间期末存量的20％；从证券公司不同维度的排名中，我们在横向上可以观察到不同证券公司的风格差异，纵向上也可以观察到国内证券公司的发展情况和实力变化。

本书试图提供一种更加客观、透明、可验证的证券分析师评价方法，但受数据可得性、可比性等因素制约，我们的评价范围仅覆盖了对A股上市公司做出年度盈利预测的公司研究、行业研究分析师，未将宏观经济、策略研究、金融工程等方向的分析师纳入评价范围；同时，在评价过程中未考虑分析师做出的投资建议及其他定性信息，存在一定局限性。但每股收益作为综合反映企业经营成果的关键财务指标，基本上是投资者重点关注的最关键指标；同时因其综合性较强，可以反映分析师对股票的整体判断，因而与本书未能覆盖到的评级及定性信息具有高度的一致性，因此我们认为采用每股收益预测作为判断分析师预测准确性的唯一指标可能存在部分信息损失，但整体上是较为客观、合理、可信的。对于评价方法中存在的不足，我们将在后继年度的"中国证券分析师与证券公司预测准确性评价研究"中不断改进完善。